核心企业网络能力

基于联盟生命周期的视角

A RESEARCH ON THE NETWORK CAPABILITY
OF ALLIANCE CORE ENTERPRISE BASED
ON ALLIANCE LIFE CYCLE

李翠　倪渊／著

社会科学文献出版社
SOCIAL SCIENCES ACADEMIC PRESS (CHINA)

前　言

在全球化、信息化、网络化逐渐成为趋势的知识经济时代，现代企业依靠单打独斗很难赢得一席之地，必须借助外力，抱团竞争，才能得到更好的发展。因此，联盟这一组织形式被现代企业广泛采用，并成为其获取竞争优势的重要手段。然而，在企业实践中，联盟合作的效果却不容乐观，其中一个重要的原因是作为联盟领导者的核心企业在管理和发展联盟内部关系的能力上受到制约，因此，是否能够有效提升核心企业网络能力便成为影响联盟合作成败的关键。鉴于此，本书以联盟核心企业为研究对象，以联盟生命周期理论为切入点，围绕"核心企业网络能力的认识、评价以及提升"三个核心问题展开研究，以期为企业能力理论和企业联盟实践提供一定的指导。

首先，本书将联盟的演化过程看作是向心力和离心力相互作用的结果，通过分析两种力量对联盟演化轨迹的影响，将联盟的整个生命周期划分为结网期、发展期、稳定期和变革期四个阶段。核心企业在四个阶段中所扮演的角色分别为结网期的发起领导者、发展期的选择决策者、稳定期的冲突协调者、变革期的创新推动者。本书的研究为以生命周期视角分析核心企业网络能力奠定了理论基础，也弥补了已有研究忽略联盟动态化、演进性的不足。

其次，根据核心企业在联盟不同发展阶段扮演的角色，本书提出核心企业网络能力的结构维度是一个二阶四维模型，包括网络规划能力、网络构建能力、网络管理能力、网络变革能力4个一级维度，以及11个二级指标。通过大样本调研收集数据，运用探索性因子分析和验证性因子分析对核心企业网络能力的结构进行了修正，结果显示在联盟的不同发展阶段，核心企业网络能力结构具有稳定性，并通过进一步的方差分析发现，在联盟的不同发展阶段对核心企业网络能力维度存在影响差异。

再次，为了体现联盟环境对网络能力的影响，本书构建了联盟核心企业网络能力动态计量模型。该模型遵循"先定位发展阶段，再评价网络能力"的思路，分别设计了"基于熵权－支持向量机的联盟发展阶段识别模型""基于层次分析法（AHP）－因子载荷的核心企业网络能力赋权模型""基于唯一特征雷达图的核心企业网络能力信息集成模型"。这些模型的构建综合考虑了方法的先进性和对研究问题的适用性，实证研究的结果也显示模型可行有效。

最后，本书探索了企业家领导力、内部资源配置、组织文化开放度、沟通结构整合度、组织学习氛围、核心企业声誉、网络导向的人员管理7个关键影响因素对核心企业网络能力不同维度的作用，并根据路径系数的大小，明确了在联盟的不同发展阶段影响网络能力的主要因素，针对这些主要影响因素，提出了在联盟不同发展阶段中核心企业网络能力的提升策略。

本书对于核心企业网络能力的评价与提升都有一定的指导意义，有助于处于不同联盟发展阶段中的核心企业有针对性地评估自身网络能力水平，采取相应的调整策略，快速、有效地提升自身网络能力，最终提高联盟合作的成功率，达到提升联盟网络整体竞争优势的目的。当然由于水平所限，本书还有一些需要改进的方面，可以作为同行们未来研究的突破点。

作　者
2014年10月

目录 CONTENTS

第一章 绪论 …………………………………………… 001
　第一节 问题的提出及研究意义 …………………………… 001
　第二节 研究对象的界定 ………………………………… 005
　第三节 国内外研究现状 ………………………………… 011
　第四节 研究内容与论文框架 …………………………… 026

第二章 基于生命周期理论的联盟网络演化机制 ………… 030
　第一节 生命周期理论 …………………………………… 030
　第二节 基于生命周期的联盟演化分析 ………………… 032
　第三节 核心企业在联盟演化中扮演的关键角色 ……… 042

第三章 核心企业网络能力的结构与测度模型 …………… 046
　第一节 核心企业网络能力维度划分及要素内涵 ……… 046
　第二节 核心企业的网络能力测度及量表 ……………… 051
　第三节 研究方法概述 …………………………………… 053
　第四节 统计分析及结果 ………………………………… 055

第四章 基于联盟生命周期的核心企业网络
　　　 能力测评模型 …………………………………… 067
　第一节 联盟核心企业的网络能力动态评价的
　　　　 整体思路 ………………………………………… 067

第二节　联盟发展阶段识别的关键要素……………………069
　　第三节　联盟发展阶段的识别模型……………………………072
　　第四节　基于联盟生命周期的核心企业网络能力
　　　　　　组合赋权……………………………………………080
　　第五节　基于唯一特征雷达图的信息集成……………………084
　　第六节　实证研究………………………………………………086

第五章　联盟核心企业网络能力提升路径研究……………………103
　　第一节　核心企业网络能力影响因素…………………………103
　　第二节　核心企业网络能力影响机制的实证研究……………110
　　第三节　基于联盟生命周期的核心企业网络能力
　　　　　　提升策略……………………………………………124

第六章　结论与展望…………………………………………………132
　　第一节　结论……………………………………………………132
　　第二节　创新点…………………………………………………136
　　第三节　不足与展望……………………………………………137

附录1　联盟核心企业网络能力及联盟生命
　　　　周期调查问卷………………………………………………139

附录2　联盟核心企业网络能力影响因素调研问卷………………145

附录3　层次分析法评价指标权重专家调研表……………………150

参考文献………………………………………………………………157

目 录
CONTENTS

Chapter 1 Introduction / 001
1.1 Description of Problem and Research Significance / 001
1.2 The Definition of the Object of Research / 005
1.3 Literature Review / 011
1.4 The Research Content and Framework of Papers / 026

Chapter 2 Alliance Network Evolution Mechanism Based on Life Cycle Theory / 030
2.1 Life Cycle Theory / 030
2.2 Based on Analysis of the Life Cycle of Alliance Evolution / 032
2.3 The Key Role in the Core Enterprise in the Alliance Evolution / 042

Chapter 3 Structure and the Measure Model of Network Capability in Core Enterprise / 046
3.1 Dimensions and Connotation of Network Capability in Core Enterprise / 046

3.2　Network Capacity Measure and Scale in Core
　　　Enterprise / 051
3.3　Research Method Overview / 053
3.4　Statistical Analysis and Results / 055

**Chapter 4　The Core Enterprise Network Capacity
　　　　　　Assessment Model Based on the Alliance** / 067
4.1　The Overall Thought of Network Capability
　　　Dynamic Evaluation / 067
4.2　The Key Elements of Alliance Development Stage / 069
4.3　The Recognition Model of Alliance Development
　　　Stage / 072
4.4　The Enterprise Network Capacity Combination
　　　Weighting Method Based on the Alliance Life Cycle / 080
4.5　Based on the Feature Radar Map Information
　　　Integration / 084
4.6　Empirical Study / 086

**Chapter 5　The Core Enterprise Network Capability
　　　　　　Promoting Path** / 103
5.1　The Core Enterprise Network Capacity Influence
　　　Factor / 103
5.2　The Empirical Research of Core Enterprise
　　　Network Capability Influence Mechanism / 110
5.3　Network Capability Promotion Strategy Based on
　　　the Alliance Life Cycle / 124

Chapter 6　Conclusion and Prospect / 132
6.1　Conclusion / 132

6. 2 Innovations /136
6. 3 The Limitation and Prospect /137

Appendix 1 Core Enterprise Network Capability and
            Alliance Life Cycle Research Scale /139

Appendix 2 Core Enterprise Network Capability
            Factors Affecting Research Scale /145

Appendix 3 **Index Weight Expert Investigation Table
            Based on AHP Evaluation** /150

References /157

第一章 绪论

第一节 问题的提出及研究意义

一 问题的提出

（一）企业联盟已经成为现代企业广泛采用的组织形式

据美国经济情报组织调研报告显示，目前世界各地已建立的企业联盟超过3万个，并以每年23%的速度不断增长。许多广为熟知的企业都在进行着建立联盟的摸索和尝试。例如，国际航空企业组建的星空、天合、寰宇一家三大联盟，全球IT产业的Java、Wintel、Linux三大联盟，制造领域以丰田汽车公司为中心的生产供应联盟、以耐克为核心的全球性生产联盟，金融领域民生银行联合30余家中小银行成立的亚洲金融合作联盟，国内互联网领域近年逐渐形成的以阿里巴巴为中心和以腾讯为中心的两大联盟，等等。[1]可见，企业联盟已经渗透至经济社会生活的方方面面，成为现代企业广泛采用的组织形式。

企业联盟在实践中倍受青睐的原因主要有两方面：一是知识经济时代特点的推动；二是联盟组织的自身优势与经济环境的契合。首先，在以全球化、信息化、网络化为特点的知识经济时代，现代企业越来越倾向采用外向合作的方式培育和保持竞争优势。[1]其中,全球化使企业间交流的范围、形式越来越多样,企业的未来更多地取决于跨公司的外向合作;信息化为企业实现外向合作奠定了坚实的技术条件,使企业可以通过因特网、电子数据交换等手段与外部组织交流、共享信息,拓展了企业整合外部资源的范围和能力;[2]网络化则是现代企业从多元化到专业化回归过程中的必然选择。因此,在知识经济背景下,联盟成为现代企业整合外部资源、提升竞争优势的必要手段。其次,伴随着竞争日益激烈、环境高度不确定性,现代企业要想赢得立足之地,必须更快更好地突破自身资源和能力的限制,仅仅依赖企业内部资源的整合、积累难以满足快速变化的市场需求。而要解决这一问题最快捷的方法就是通过建立联系紧密的企业联盟,将空间上和组织上分散的资源、能力进行有机整合,实现优势互补,快速获取企业发展所需的信息、资源、市场和技术等要素,扩大企业规模经济和范围经济的优势,提升企业在激烈经营背景下的竞争能力。由此,在外因和内因的共同作用下,联盟成为现代企业广泛采用的组织形式。

(二) 核心企业网络能力是联盟合作成败的关键因素

尽管在企业实践中,联盟已经成为一种普遍采用的组织形式,但是联盟合作的效果却不尽理想,很多联盟合作不欢而散,甚至两败俱伤。有调查显示,联盟合作失败的概率高达50%~60%。例如,中国知名企业杭州娃哈哈集团与联盟伙伴法国达能集团,由于在某些问题上的沟通不力而反目成仇,经过数十起官司,最终宣告合作失败;美国在线公司与时代华纳的联盟,本以为合作后足以改变媒体世界,但事实是,两者的结合非但没有形成强大的联盟,反而油水难溶,美国在线公司的市价狂跌390亿美元。当然,在联盟合作方面也不乏成功的典范,例如,日本丰田汽车公司,通过组建以自身为核心的供应商生产联盟,在汽车市场上取得成本、质量、时间等多项优势,实现精益化生产,同时给合作的各方企业都带来了丰厚的收益,联盟表现出强大的生命力。[3]对比成功和失败的案例不难发现，核心企业关键作用是否充分发挥是影响联盟合作成败的重要因素。成功的联盟中，核心企业能够担当起联盟领导者的角色，统筹全局发展，权衡各方利益，带领联盟合作伙伴共同成长；而失败的联盟则通常是核心企业在联盟中角色缺失，无法有效引领、协调以及管理合作伙伴，即核心企业网络能力不足。核心企业虽然只是联盟的一个组成部分，但是它具有特殊资源优势，在网络结构中位置较高，对联盟发展拥有显著的领导力，这使得核心企业的网络能力对联盟整体运行的影响愈发显著。相关的实证研究也证实了核心企业网络能力对联盟运行效率的影响。因此，从核心企业的角度研究企业网络能力对联盟合作实践的指导意义更大。

（三）核心企业网络能力在联盟发展的不同阶段表现出动态性

核心企业网络能力具有一定的动态性，这种动态性体现为在联盟发展的不同阶段核心企业面临的联盟主要矛盾和扮演的主要角色是有差异的，核心企业网络能力在不同阶段发挥主要作用的能力维度和作用机制也会随之变化。而核心企业网络能力与联盟发展阶段动态性的契合与匹配，却被现有研究忽略，从而无法深刻地认识核心企业网络能力及其作用机制。因此，本书将以联盟生命周期为理论背景，在动态的情境下研究核心企业网络能力的相关问题。

综上所述，基于联盟组织的广泛应用、核心企业网络能力对联盟的重要性，以及动态视角下联盟研究的鲜有性，本书以联盟发展的生命周期理论为脉络，以联盟核心企业为关注点，展开企业网络能力的探索研究。本书将研究主题分解为三个逻辑上紧密联系的子问题展开分析：①认识核心企业的网络能力——如何构建联盟中核心企业网络能力的概念模型及指标体系？②评价核心企业的网络能力——如何开发、选择适宜的计量方法，评价核心企业网络能力？③提升核心企业的网络能力——如何构建联盟核心企业网络能力的提升模型？

二 研究的理论意义和现实意义

本文基于联盟生命周期演进的动态视角，研究联盟核心企业网络能力的结构、评价以及提升策略等相关问题，丰富了企业能力和企业联盟等相关研究理论，同时对联盟核心企业能力构建和企业联盟合作成功率的提高都具有一定的实践指导作用。

（1）从理论角度，丰富了企业能力和企业联盟等相关领域的理论研究。以生命周期理论为基础，分析联盟网络演化过程，以及在这一过程中联盟网络面临的关键问题，核心企业在关键问题解决中扮演的角色和发挥的作用。围绕各个阶段联盟网络面临的关键问题，构建核心企业网络能力，并展开能力评价以及能力提升的研究。[4] 这一研究过程一方面丰富了企业能力理论的研究，将企业的外部资源利用能力纳入到企业能力体系，更重要的是从联盟发展的动态性出发研究核心企业网络能力，对联盟研究进行深入细化，增强了理论研究的现实解释力。

（2）从实践角度，知识经济时代企业的生存环境和生存方式已经发生改变，单靠一己之力去获取持续竞争优势的时代已经一去不返。[5] 企业之间由单纯的竞争关系逐步转向以联盟为主要方式的竞合关系。联盟已经成为现代企业不能回避的一种重要组织形式。因此，本书聚焦联盟以及联盟中的核心企业，实践意义主要体现在三个方面。首先，整合相关学科知识，聚焦核心企业的网络能力，设计研究思路，为有效解构现实经济生活中网络能力的形成与演化提供理论上的指导。其次，建立科学有效的企业网络核心能力评价方法，科学的计量方法便于企业认清自身网络能力的长处和短处，从而可以有针对性的完善联盟核心企业的网络能力。最后，可以为企业提升网络能力提供切实可行的策略，根据联盟的特点、发展特征以及核心企业的网络能力的现状，因势利导地选择策略手段，提高联盟核心企业的网络能力，增强联盟和企业个体的竞争力。

第二节 研究对象的界定

一 企业网络

网络是由节点和连线构成的一种特定结构。[6]在过去的100年里,网络的思想得到广泛的应用,特别是20世纪80年代以来,"网络"被广泛应用于社会科学领域,并出现了"社会网络"的概念。其中,部分学者借助网络的视角研究企业,形成了企业网络概念的雏形,认为企业间也是一种彼此依赖、彼此关联的多元网络关系。[7]此后,随着实践领域对"企业网络"的青睐,学者们对这一概念的关注也逐渐增多,并从不同角度对其进行审视和界定,本文对前人的研究进行了简要的回顾和归纳(见表1-1)。[8-20]

表1-1 关于"企业网络"概念的研究

研究视角	代表学者及年份	企业网络定义
制度视角	Thorelli(1986)	企业网络作为一种市场组织,是介于市场交易和层级制之间的一种组织形式
	Jarillo(1988)	企业网络是一种组织形式,管理者和企业可以通过它在激烈的竞争中确立企业的定位。它不严格遵从价格机制,也不基于科层制,是一种中间组织形式
	Powell(1990)	企业网络是市场和企业之外的第三种资源配置方式
关系视角	Foss(1990)	企业网络是指特定企业间持久和稳定的关系模式
	Gomes-Casseres(1994)	企业网络是彼此独立的企业通过合作协议联结起来的集合体
	Anand & Khanna(2000)	企业网络是企业间为了共同目标而进行合作的具有目标性、长期性的契约联合
	刘东(2003)	企业网络是由企业之间多边准市场协调契约(或超市场契约)关系所形成的多维向量体系
	稽登科(2006)	企业网络是企业间或者企业内各个部门围绕一个共同的目标进行合作的具有指向性与长期性的契约联合

续表

	代表学者及年份	企业网络定义
功能视角	Miles & Snow（1984）	企业网络是复杂多变的竞争环境下产生的新型组织形式，成员可以自由组合、重组以适应环境变动
	Gulati（1999）	企业网络是企业间关于资源交换、共同开发产品、共享技术和服务的一种自愿的安排
	林润辉、李维安（2000）	企业网络组织是一个由活性节点的网络联接构成的有机的系统
	慕继丰、冯宗宪、李国平（2001）	企业网络是许多相互关联的公司或企业及各类机构为解决共同问题通过一段时间的持续互动而形成的发展共同体
	陈守明（2002）	企业网络是由一组自主独立又相互关联的企业，依据专业化分工和协作建立起来的一种具有长期性、指向性的企业间组织联合体

可见，学者们对企业网络的界定大致可分为三类：一是从制度视角解释企业网络的经济社会实质；二是从关系视角强调企业网络的动态性；三是从功能视角揭示企业网络的存在价值。基于以上认识，本书认为企业网络是企业与外部合作伙伴建立长期稳定的交易关系的一种组织形式，这种组织形式介于企业和市场之间，组织形态相对松散。

企业网络在经济社会中的形态各异，如企业集群、战略联盟、合资企业、虚拟企业、供应链以及技术交换等。诸如此类的各种企业间的联系、合作都可以被概括地称为企业网络。本书认为可以将这些企业组织形态归纳为集群、集团和联盟三类（见图1-1）。

集群层次是基于相关企业集聚带来的区域竞争优势建立的企业网络，[21]强调地理位置上的"集聚效应"，好莱坞和硅谷是大家最为熟知的两个集群典型。集团层次的企业网络以母公司为中心，通过资本控制或契约形式将若干企业联系起来，内部企业间产权上存在从属关系是其典型特点。联盟层次的企业网络则以组织间的企业联盟为主，是企业通过一定的不涉及产权转移的方式展开的合作，合作伙伴间互相平等又彼此依赖。由此可见，本书研究的联盟是企业网络的一种特殊类型。

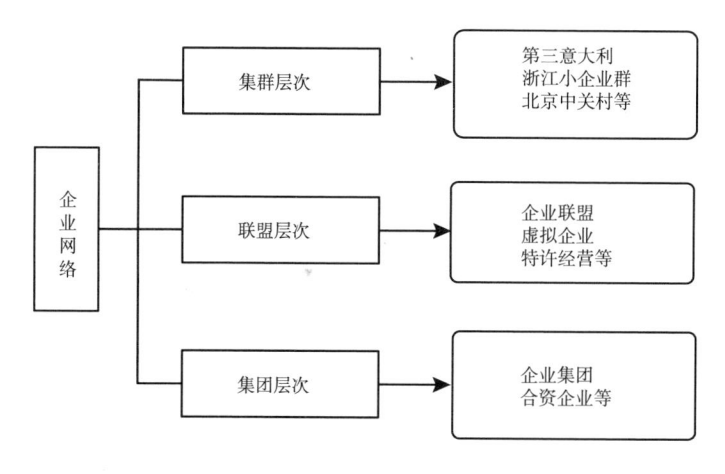

```
                    ┌─ 集群层次 ──→ 第三意大利
                    │              浙江小企业群
                    │              北京中关村等
                    │
         企业网络 ──┼─ 联盟层次 ──→ 企业联盟
                    │              虚拟企业
                    │              特许经营等
                    │
                    └─ 集团层次 ──→ 企业集团
                                   合资企业等
```

图 1-1　企业网络类型

二　企业联盟

20世纪90年代，美国管理学家 R. Nigel 和 DEC 公司总裁 J. Hopland 首次提出企业联盟这一概念，并很快在全球范围内掀起一番联盟热潮。美联邦贸易委员会统计显示，1990年以来美国国内及跨国性质的战略联盟的数量每年以25%的增长率快速增长。20世纪60年代的企业联盟主要是一些生产型联盟；80年代以后，技术合作成为一种潮流，许多企业谋求缔结知识联盟，技术知识的相互学习成为企业结盟的首要动机；而到了90年代，企业联盟主要是技术型和学习型联盟。对于企业联盟的界定，国内外学者的研究视角各有不同，认识上略有差异，本文总结了四类有代表性的观点。

（1）战略管理角度。迈克尔·波特（Michael Porter，2002）认为，联盟是企业之间基于非产权关系的长期结盟，旨在更好地协调、拓宽企业价值链。[22]学者 Yoshino & Rangan 研究指出，联盟是两个或更多企业在长期商业合作的基础上形成的联合关系，借助联盟内部企业在资源、技术、产品方面的交易提高自身的竞争力。[23]

（2）资源整合角度。Teece 认为联盟是两个或两个以上的伙伴企业为实现资源共享、优势互补等战略目标而开展的以承诺和信任为特征的合作活动。[24]具体形式包括排他性的购买协议、排他性的合作生产、技术成果的互换、研究与发展（Research and development，R&D）协议、合作协议、共同营销等。[25]

（3）组织性质角度。Williamson 认为企业联盟是介于市场和企业之间的一种组织形态。它打破了传统的"企业—市场"二分法的研究范式，是对"企业—市场"交易行为的有益补充。作为一种非完全契约状态的组织形态，相对于市场机制，企业联盟降低了企业间的交易成本；相对于完全企业机制，企业联盟降低了企业内的协调成本。[26]

（4）社会网络角度。Gulati 认为联盟是企业间自发联合结成的社会网络，这种社会网络以合作企业的客观存在和结盟后的相互融合为基础，借助长期稳定的契约，编织关系网络，建立合作阵营，形成某种排他性的壁垒，保证联盟内部企业经济利益的最大化。[15]

从现有定义可以看出，尽管理论界对企业联盟的认识存在一定的差异，但是在一些基本方面形成了一致的观点。①企业选择联盟这一组织形式多基于战略层面和长期利益的考虑，而非谋求短期和局部利益；②联盟内部企业之间是一种特殊的合作关系，它超越一般企业间的交易合作，又不同于企业内部的控制隶属，这种独特的合作关系在保持合作紧密性的同时，又保证了合作主体的独立自主地位；③企业联盟间的合作是与竞争共存的，联盟内企业间在一些方面开展合作，而在另一些方面又可能是竞争对手；④"共赢"是联盟达成的基础，企业通过联盟网络得到比单独行动更多的收益，实现"1+1>2"的效果。

鉴于以上分析，提出本书联盟的概念：联盟是企业网络的一种形式，它是两个或两个以上的企业，为实现某种共同目标，在投资、科研、生产和开拓市场等方面开展非产权形式的契约合作，从而建立较为稳固的长期伙伴关系的过程。

三 联盟核心企业

关于企业联盟的研究，相当一部分文献以联盟内企业的均质性为假设前提，认为企业在联盟中的作用及功能是无差异的。[27] 然而，在联盟实践中却常常相反，企业之间的关系是非均质的，在角色和功能上不可以相互替代，其中有些企业对其他企业及联盟的影响是比较显著的，扮演着十分重要的角色，它们是联盟发展和创新的驱动力，[28~29] 这些企业被称为联盟核心企业。

对核心企业的界定是一个相当棘手的问题。目前，部分学者从企业规模、企业年龄、国籍等方面界定核心企业，[30] 认为核心企业大多是规模大、年龄长的企业。然而，不少学者质疑从规模、年龄等方面界定核心企业的做法，并提出了界定核心企业的新视角，例如，Agrawal 等学者。从企业功能角度出发，认为核心企业是处于联盟网络中的关键节点，对整个网络的构建、运作有更多责任的企业；[31] Newman 等学者从企业的识别角度出发，通过企业在联盟中节点的数量、节点联系强度以及节点间信息流量等信息来确定是否为联盟核心企业。[32] Solveh & Zande 把企业在联盟中的嵌入性和对网络的掌控力作为判别核心企业的关键维度。[33] 也有学者认为核心企业必须在网络愿景上能够引导合作伙伴，具有高的成长率和创新能力，善于吸纳各种资源并占有一定的市场地位。[34] 中国学者张伟峰和万威武研究了美国和日本的企业联盟，发现美国联盟中核心企业多为大型企业，有一定的市场地位；而日本则是将"生产共同体"的核心作为核心企业，强调其在引领联盟创新发展中的作用。[35]

基于已有研究，本书认为联盟核心企业是在联盟网络的发展规划、构建管理、协调控制等方面承担更多责任、发挥较大影响力的企业,是整个联盟网络的中枢节点。

四 企业网络能力

Hakansson 等学者在研究企业外部关系管理时发现,不同企业在这方面的能力有很大差异,有些企业是高手和稳定的实践者,而有些企业则像门外汉,并在研究中提出了企业网络能力的概念。此后,这一概念吸引了很多学者的关注。表1-2汇集了学者们在不同视角上对企业网络能力的认识。[36-45]

表1-2 学者从不同视角对企业网络能力的认识

学者	定义	结构
Hakansson(1987)	企业改善其网络位置和处理特定网络关系的能力	企业改善其网络位置的能力和处理某单个关系的能力
Ritter(1999)	是企业的一种技巧,是使企业掌控、利用和开发其外部网络关系,形成竞争优势的关键能力	特定关系任务执行、跨关系任务执行、专业资质和社交资质
慕继丰等(2001)	在新经济时代背景下,为适应企业组织网络化发展的趋势,企业必须培育和发展适合管理企业网络的新能力	网络愿景能力、网络管理能力、组合管理能力、关系管理能力
徐金发等(2001)	企业发展和管理外部网络关系的能力,本质是通过寻求和运用网络资源来获得竞争优势	网络构想能力、网络关系组合能力、网络角色管理能力
Lechner & Dowling(2003)	企业在参与网络活动的过程中,主动采取有效的措施对整个网络产生影响的能力	关系能力、整合能力、吸收能力
马刚(2005)	企业与其他行为主体建立战略关系和获取、分享、应用、整合网络资源的能力,以及更新自身能力的能力	战略关系的构建能力、获取与分享网络资源的能力、整合内外资源的能力、动态能力、内外部协调能力和累积性
Walter(2006)	企业开发和利用网络关系取得其他组织控制的资源准入的能力	协调能力、关系能力、市场信息能力和互动能力

续表

学者	定义	结构
Hagedoom 等（2006）	企业进行创新网络设置和合作伙伴选择的一种特殊才能	基于中央性的网络能力和基于效率的网络能力
邢小强、全允桓（2006）	企业基于内部知识和其他补充资源，通过识别网络价值与机会、塑造网络结构，以及开发、维持与利用各层次网络关系以获取稀缺资源和引导网络变化的动态能力	网络愿景能力、网络管理能力、组合管理能力和关系管理能力
方刚（2008）	网络中的企业所具有的集聚、整合和配置网络资源并协同其他企业内部资源以提高网络绩效和获得竞争优势的一种能力	网络规划能力、网络配置能力、网络运作能力和网络占位能力

在已有学者相关研究的基础上，本书认为企业网络能力是企业掌控、利用和开发其外部网络关系，有效管理整体网络和利益相关方，实现各方利益最大化的能力，它是以企业有形资源为基础建立起来的一种宝贵的无形资源。

第三节 国内外研究现状

对联盟核心企业网络能力的研究主要涉及企业联盟、核心企业以及企业网络能力三个领域，因此，国内外研究现状的综述主要围绕这三个方面展开，通过梳理已有研究的贡献和不足，明晰本书的研究内容和研究方向。

一 企业联盟的研究现状

伴随企业间的竞争模式由"零和博弈"向"竞合互补"的转变，企业联盟这一组织形式被广泛采用，也成为学者们关注的焦点。已有企业联盟的研究主要涉及联盟的形成动因、联盟的组建、联盟的管理、联盟的利益分配、联盟的稳定性等五个方面。

（1）联盟形成。联盟形成动因的研究正从定性研究向定量研究转变，但目前仍以定性研究为主。乔尔·布利法和戴维厄恩斯特等学者从企业经营环境因素的变化入手，分析联盟形成的动因，认为知识经济时代，企业面临着更多市场压力，企业之间的竞争也由原来的"零和竞争"转为"合作竞争"；[46]诺兰彼得等从企业实践的案例分析入手，阐明产业结构调整是企业联盟热潮的重要原因之一。[47]国内学者方面，彭绍仲、肖渡、黄敏学等学者的研究从国际国内经济社会发展的新规律、新秩序出发，以宏观经济环境角度分析了联盟产生的原因；[48~50]韩岫岚、张树义、秦斌等学者从企业组织的自身角度分析了联盟形成的动因，其中，韩岫岚认为企业对于核心竞争力和市场的追逐是组建联盟最重要的两个因素，张树义从联盟可以为企业带来的益处分析了联盟的形成动因，秦斌将联盟形成的动因分为中间动因和最终动因，并分别进行阐释。[51~53]此外，还有学者从组织学习、价值链、战略管理等视角对联盟形成进行定性的动因分析。[54~56]关于联盟形成的定量分析，多是从经济效益入手，量化结盟后的效益增值，探讨形成动因。相关研究多借助博弈论的研究方法，围绕产量、价格、市场这几个核心变量建立博弈模型，分析加入联盟前后企业收益的变化，并以此为依据解释联盟形成动因。学者黄映辉、雷光龙、罗头军等学者的研究都证实了联盟合作确实能够带来收益的增加。[57~59]

（2）联盟组建。关于联盟组建的相关研究主要围绕两个方面展开：一是联盟组建过程中的注意事项；二是联盟组建中合作伙伴的选择问题。关于联盟组建过程及注意事项的研究多是定性研究，且多针对虚拟企业，少数学者建立定量分析模型，借助线性规划、遗传算法等技术手段，以组建效率、组建成本、组建质量等为目标变量，探索最优的组建过程，也有学者借助计算机仿真技术对这一过程进行模拟。[60~61]合作伙伴的选择是联盟组建阶段最关键的问题,相关研究比较丰富,[62]主要包括伙伴选择的指标体系构建和伙伴选择评价模型的构建两个方面。关于指标体系,Limmerick & Cunnington 等学者的研究指出伙伴选择要强调双方的协调,合作双方应该在贡献、价值、技术、决策体系、管理风格上协调互补;David Fauckner 等学者认为在联盟伙伴的选择中协同优势和战略配合是两项重要的指标;Spekman 等学者认为对联盟的投入、相互间的信任、合作时间的长短以及合作风险是联盟伙伴选择重要的评价指标;[63]埃德·瑞格斯比则强调了联盟伙伴间的宽容、互惠以及信任的重要性。[64]关于选择评价模型的研究大致分为两类:一类是已有联盟在某一个环节上择优选择;另一类是从理想角度构建联盟从无到有状态下的伙伴选择,借助的计量手段主要有层次分析法、模糊评价、遗传算法以及机械学习等若干方法。

(3)联盟管理。联盟管理是联盟顺利运转的制度保证,在联盟管理中最重要的三个核心问题是联盟内的协调机制、激励机制和约束机制。关于协调机制的相关研究多围绕沟通、学习以及对冲突的管理三方面展开。例如,有学者基于协调机制和组织学习的互动交流建立联盟管理模型;[65]汪忠等学者的研究指出伙伴企业自身对于核心竞争力的保护是引起联盟冲突的主要原因,因此要有效避免冲突就要在共享与保密之间寻找平衡;[66]张青山等学者构建了联盟协调管理框架,并指出联盟协调机制可以从目标、信任、群体协商三个方面进行细化。[67]关于激励和约束机制的研究多从委托—代理角度,借助博弈论展开分析,例如,卢纪华等学者在构建联盟声誉模型中发现,设计不同的契约类型对提高合作伙伴的合作意愿和联盟投入程度非常有效;[68]叶飞等学者在一般代理模型的基础上引入额外奖惩函数,研究了核心企业对于联盟伙伴的激励机制;[69]候光明等学者试图借助合作博弈模型,通过寻求帕累托最优解的方式,探索联盟激励和约束机制。[70]

(4)联盟利益分配。联盟从根本上讲是合作各方利益最大化驱动的结果,因此利益分配问题是联盟运营管理中最关键的问题。关于利益分配问题的研究可以分为两大类:一类是探讨利益分配原则;另一类是构建利益分配模型。关于利益分配原则的文献,有学者从成本角度出发,寻求最佳分配原则,例如,李红玲等学者以技术联盟为对象,分析联盟的成本组成,并就分解成本给出利益分配方案;[71]吴宪华等学者通过构建博弈谈判模型,建立利益分配原则;[72]Ossadnik等学者借助综合评价技术手段评价伙伴企业在联盟中的投入和承担的风险,以此为依据确立联盟利益分配比例。[73]关于联盟利益分配模型的研究比较丰富,例如,戴建华等学者利用Sharply值构建利益分配模型,并在此基础上构建了优化算法;[74]Margaret等学者用数学建模的方式,构建分配模型;[75]吴辉球采用信息熵的方法构建了分配模型;[76]叶飞、郭东风等学者通过文献分析总结了四类利益分配模型构建过程中的常用方法。[77]此外,还有一些学者基于不同类型或不同特征下的联盟提出了有针对性的利益分配方案,例如,李红玲研究了技术联盟的利益分配问题。[78]

(5)联盟稳定性。从系统论的观点看,任何系统都存在不稳定性,企业联盟也不例外。联盟成员在开放环境中进行物质、能量和信息的交换,外界因素的变化必然影响联盟的稳定性。相关研究成果主要分析联盟的结构,研究联盟成员利益的变化,探讨联盟稳定的条件。如卡瑟尔斯研究了公司三角稳定和不稳定状态,并用企业结盟予以佐证。[79]考虑到成员间信息不完全和不对称,以及博弈的动态性和多阶段性,可以运用不完全信息动态博弈分析成员间的威胁承诺声明等。周二华等学者根据联盟成员合作与不合作时收益的相对关系,分析讨论了四种不同收益的结构下多企业联盟博弈的特点及其稳定解集,对不同情况下企业应采取的对策提出了建议。[80]

二 联盟核心企业的研究现状

在联盟网络中,核心企业处于中心位置,有很强的网络根植性，与联盟内部和外部都保有着广泛、密切的交流，对企业联盟整体合作效率、联盟绩效等都有着至关重要的作用。已有核心企业的相关研究主要集中在以下几个方面。

（一）联盟核心企业的关键特征

对于核心企业的识别，学者们进行了广泛而深入的研究，通过梳理相关研究成果，本书提炼出五项识别联盟核心企业的关键特征。[81~85]

①网络影响力大。联盟作为一种松散的组织结构，其运作基础不是企业内部强硬的行政命令，企业相互协作更依赖彼此间的信任和尊重，在联盟网络中有较大影响力的企业才能很好地调动更多成员伙伴的合作热情以及联盟投入度。因此，核心企业多是联盟中影响力最大的企业。②溢出效应强。作为联盟缔结和发展的主角，核心企业必须有很好的辐射能力，能够将自身在技术、市场以及文化等方面的优势辐射到联盟其他企业中去，从而带动整个联盟的发展，否则优势再大的企业也无法对联盟中的其他企业产生吸引力。③创新能力突出。在科技发展日新月异的时代，联盟的存续和发展离不开持续创新能力的支撑。企业创新能力越突出，生命力就越强。许多中小企业基于增强自身生存能力的考虑，围绕发展性好的企业建立广泛的联系，形成以其为中心的联盟网络。因此，创新能力也是联盟核心企业的一个典型特征。④网络关联性强。核心企业处于联盟中心，与其他伙伴企业联系的频度和强度都相对较高，一方面是因为合作成员多是基于核心企业的某方面优势而选择加入联盟的，另一方面也是由于核心企业承担更多沟通协调的职能。⑤角色可替代性弱。核心企业在联盟中的地位通常是不可取代的，主要是作为联盟构建基础的核心企业的资源和能力通常是关键且稀缺的，不是其他企业轻易可以获取和培育的。

（二）核心企业对于联盟网络及成员企业发展的影响

核心企业依赖自身的技术、产品结构以及市场等方面的优势，通过溢出效应，使联盟成员企业受惠，从而引领整个联盟的发展。Bianconi & Barabási 研究证实核心企业的声誉以及谈判能力会使其受到更多的关注，吸引更多的企业加入联盟，推动联盟发展；[86] Ottati 通过分析众多小企业的成长案例，发现核心企业的带动，在小企业发展壮大的过程中起到非常关键的作用；[87] 徐向艺等学者研究认为核心企业的产品结构、产品社会认知度以及创新能力等方面的优势有利于联盟规模的扩张和成本的降低。[88]

（三）核心企业对联盟创新的影响

Burt 认为核心企业对联盟网络内知识的转移和创造有推动作用；[89] Owen-Smith&Powell 的实证研究验证了核心企业能够通过促进联盟内信息流动，提高联盟创新水平；[90] Agrawal & Cockburn 研究证实了核心企业在集群知识、技术扩散方面的作用；[91] Lorenzoni & Baden-Fuller 认为核心企业在联盟网络中充当着知识管理者的角色，建立知识管理机制，并将自有知识向联盟成员扩散；[92] Reagans 认为核心企业在联盟网络的知识管理过程中，承担着传播中介的作用；[93] 唐勇敏通过技术联盟的研究发现，核心企业的先进生产技术和知识会扩散到合作企业中，并对合作企业的自主创新产生推动作用；[94] Lazerson & Lorenzoni 研究产业集群得出结论，集群是核心企业知识和技术传播的产物。[95]

（四）核心企业和非核心企业的关系

Rosenkopf & Almeida 认为联盟中技术标准化的进程会促进非核心小企业自身的成长；[96] Cohen & Levinthal 认为核心企业在同联盟外部组织联系上有明显优势，容易进行更广泛的资源整合，而非核心企业的这种机会则大大降低，因此，非核心企业必须更多地依赖核心企业；[97] 官志华则通过中国企业验证了非核心企业与核心企业之间的依赖与被依赖关系。[98]

（五）核心企业对网络演化的影响

Lissoni 通过研究意大利制造业网络，发现网络成长与网络核心企业的成长密切相关；[99] Dyer & Nobeoka 以丰田汽车公司创新网络为例，研究认为核心企业由于与联盟其他企业的联系最广泛、最深入，故对合作伙伴的运作有一定的影响力，进而影响联盟网络；[100] Powell、White、Koput 研究意大利机械产业集群中核心企业的生成机制时发现，核心企业能够更好地利用联盟内部资源和外部资源，因此能够更大程度地推动联盟创新和联盟演化。[101~102]

（六）核心企业对区域创新的影响

罗美娟认为核心企业不仅可以带动联盟内企业的成长，更可以通过连带效应带动相关产业的发展；[103] Richards 以北欧地区为例进行研究发现，核心企业能够促进国家和地区经济的发展，并实证验证了爱立信和诺基亚对北欧无线硬件产业发展的促进作用；[104] Boari 认为核心企业在小企业孵化、新产品开发、企业管理技术输出、关联企业的发展等诸多方面有楷模作用；[105] Lissoni 对意大利集群的研究发现产业集群的发展有赖于少数创新力好、协调性强的核心企业的发展。[99]

三 企业网络能力的研究现状

现代企业越来越多地依赖企业网络的各种组织形式，企业网络能力作为企业外部关系管理中至关重要的一种能力要素，受到越来越多的学者关注，相关研究成果也比较丰富，主要集中在网络能力结构、影响因素以及作用机制三个方面。

（一）关于企业网络能力结构的研究

由于网络结构、网络形式与网络演化的多样性与复杂性，目前关于企业网络能力的结构维度还未达成一致的结论，但也形成了部分有代表性的研究成果，如 Ritter、Moller & Halinen、Hagedoorn、徐金发等学者的研究，本书将对这些比较典型的研究进行梳理。

1. Ritter 等学者的企业网络能力模型

Ritter 等学者对企业网络能力的研究较早并且比较深入，取得了丰富的研究成果，构建了一个完整的网络能力结构模型，该模型为后来关于网络能力结构的研究打下了理论基础。研究认为企业网络能力是企业开发、利用、控制外部关系的能力，包括两个维度：任务执行和资质条件。其中，任务执行是实现目标采取的活动，例如、向某一合作伙伴发出交流、协调的任务，对联盟内部关系的计划组合，对联盟人员的调配等；资质条件是网络中企业个体可以顺利利用和发展网络关系的特征属性，如社交技能和专业技术等。[37,106] 网络能力的构成如图1-2所示。

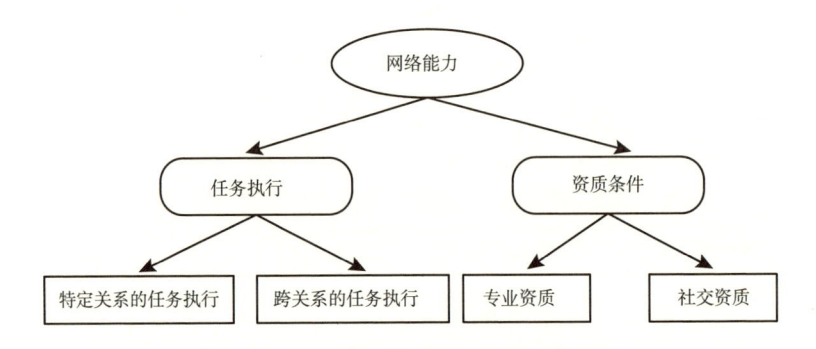

图1-2 Ritter 等学者的企业网络能力模型

2. Moller & Halinen 的网络能力模型

在 Ritter 等学者网络能力模型的基础上，Moller & Halinen 提出了更加丰富的网络能力结构模型。该模型基于业务关系，将网络能力分为网络层、企业层、组合层和特定关系四个层次，并提出了网络规划能力、网络管理能力、组合管理能力和关系管理能力四个维度。[107] 规划能力体现网络战略设计能力，管理能力体现资源和能力的协调控制力，组合管理能力体现伙伴选择等方面的能力，关系管理能力体现内部关系处理的能力。研究认为四个维度密切相关，共同实现网络合作的顺利开展，提升联盟整体和企业的绩效。

3. 徐金发等学者的企业网络能力模型

国内学者如徐金发、许强和王勇基于企业网络组织的基本特性：共同的集体目标、专业化联合的资产和共享的过程控制，从战略、关系和过程三个层面分析网络能力。[39]战略层面将网络能力作为实现战略目标的一种手段；过程层面明确网络中的角色和任务；关系层面开发网络资源为我所用。基于此，徐金发等学者提出了网络能力的维度：网络构想能力、网络角色管理能力和网络关系组合能力。其中，构想能力是企业从战略层面识别、发展网络的能力；角色管理能力是网络运行中履行相应责任和任务的能力；关系组合能力是对联盟内部关系协调优化、学习互动的能力。徐金发等学者的模型如图1-3所示。

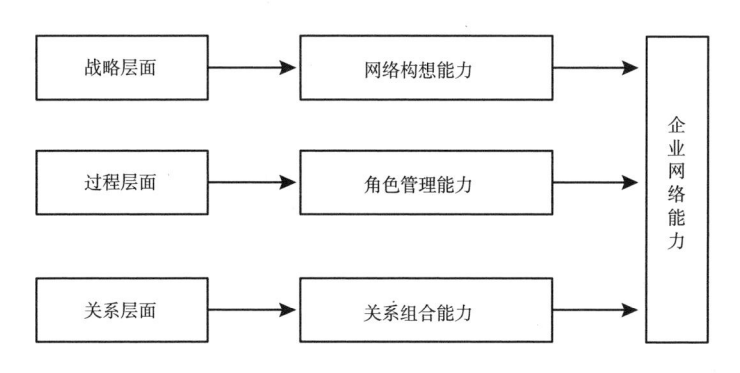

图1-3　徐金发等学者的企业网络能力模型

4. Hagedoorn等学者的战略网络能力模型

Hagedoorn等学者认为网络能力是企业在网络构建、设置和管理方面表现出的一种特别技能，并将网络能力划分为两个维度：基于中央性的网络能力和基于效率的网络能力。这两个维度的网络能力共同帮助企业建立外部合作关系，利用外部资源，提升自身能力。Hagedoorn等学者认为网络中的企业尽量成为或接近网络中心位置，这有利于企业在网络中获得更充分的信息和资源，以按照自己的意愿组建联盟，从而更好地实现企业自身利益最大化。[43]该研究创新性地利用社会网络理论对企业网络能力进行分析,对网络能力理论体系的完善有积极意义,但它仅从企业在网络中的位置以及网络中节点连接的效率来判断企业网络对企业的影响,在某种意义上看还是有失公允的。

5. 邢小强、仝允桓的企业网络能力模型

基于网络管理的层次性,邢小强等学者将网络能力维度划分为网络愿景能力、网络管理能力、组合管理能力和关系管理能力,并给出了详细的定义和任务(见表1-3)。[44]

表1-3 邢小强等学者的企业网络能力模型

网络能力	定义	任务
网络愿景能力（战略层次）	对网络整体发展演化的识别、判断与预测能力	塑造网络愿景与目标;辨识网络价值与机会;预测网络演化趋势
网络管理能力（网络层次）	通过对整体网络的控制与协调,执行各种网络任务以获取网络优势的能力	引导网络变革;获取优势网络地位;提高网络管理效率
组合管理能力（介于关系层次与网络层次之间）	对外部组织如供应商、合作伙伴、竞争者、科研机构、顾客等关系组合的管理能力	优化关系组合;关系组合内资源的优化配置;整合关系资源与能力
关系管理能力（关系层次）	处理与单个组织之间二元关系的能力	寻找最优对象;建立有效联结;交换与获取;

6. 方刚的企业网络能力结构模型

方刚整合社会网络理论、资源基础理论和知识管理理论构建了网络能力结构模型(见表1-4),将网络能力划分为战略性能力和操作性能力两类,并对这两类网络能力进行了比较,[45]和进一步分解细化。

表1-4 方刚的网络能力结构模型

类别	战略性网络能力	操作性网络能力
概念	企业拥有的明确参与网络活动定位的战略性能力	企业拥有的管理和组织具体网络活动的操作性能力
目标	发现、创造和利用参与创新网络带来的机会。	根据网络环境的变化来调整对网络任务的管理,以保证网络学习的绩效并获得更多和更好的知识和信息
内容	确定网络活动的目的、规划各种活动的指导思想和处理网络事务的基本原则	寻找和选择合适的网络伙伴;管理与网络伙伴间的关系;占据合适的网络位置
特征	其绩效难以直接度量,如对创新网络的理解、对创新网络演化的把握等;不确定性高	其绩效的度量较为容易,如好的网络伙伴的数量、与网络伙伴互动的频率和深度;网络嵌入程度不确定性低
对网络活动的影响	长期的、一旦确定短时间内不易调整;战略性的;全局性的	短期的,可以根据网络环境的变化及时调整;战术性的;局部性的

图1-4反映了方刚的网络能力结构模型的内容,网络规划能力反映的是企业针对网络规划目标制定计划等方面的能力;网络配置能力反映企业搜索、筛选合作伙伴等方面的能力;网络运作能力反映企业协调管理合作关系等方面的能力;网络占位能力反映企业争取网络有利位置的能力。

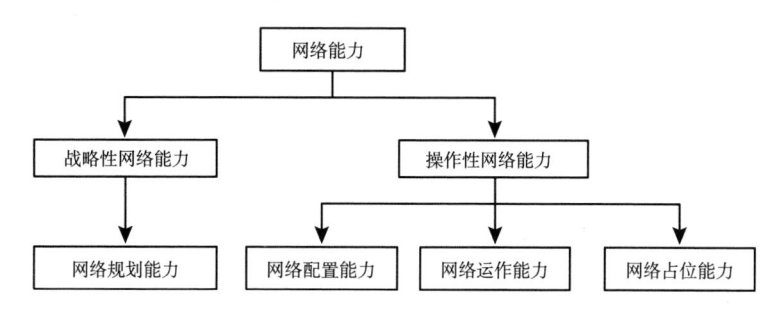

图1-4 方刚的网络能力结构模型

（二）企业网络能力影响因素的研究

企业网络是一种动态的组织形式，由于网络能力受到多种因素的交互影响，影响机制比较复杂。因此，本文从宏观层、网络层、企业层以及个体层四个方面对已有研究中有关影响因素的研究进行梳理。①宏观层的研究围绕企业网络所处的经济社会环境、政策法律体系、社会风俗以及行业特性等因素展开，例如，刘永俊研究指出诸如经济文化背景、行业技术特点、政策法规条例等宏观层面的因素都会对企业网络能力产生影响；[108]徐金发等学者的研究发现社会文化影响企业间学习，进而对企业网络产生影响。[39]②网络层的研究主要围绕网络沟通结构、网络地位、网络范围、网络文化、网络资源等因素展开，例如，Ritter 实证发现网络沟通结构对企业网络能力有显著影响；[109]邹爱其在产业集群的研究中发现网络位置、网络范围等网络特征对网络能力有正向影响；[110]邢小强、全允桓也证实了网络地位的影响作用；[41]韩丹丹研究证实知识存量、网络地位、资源投入是网络能力最主要的影响因素，其中，联盟网络内知识积累的多寡与联盟主体对联盟的认识直接相关，并且影响网络能力的发挥，联盟内部企业在网络中的地位体现了该企业在联盟中的掌控力，影响其利用联盟优势的程度，此外联盟企业对联盟的资源投入也决定了网络能力的强弱；[111]刘永俊认为网络层面的文化、资源等因素对企业网络能力同样有不可低估的影响；[108]曹兴、周密等学者分析了网络特征以及外部情景，尤其是技术情景因素对技术联盟网络能力的影响。[112]③企业层的研究主要围绕文化、内部资源、组织学习以及声誉等因素展开，例如，Ritter 等学者基于企业层面提出网络能力的四大影响因素：企业内部资源配备、沟通结构的整合度、企业文化的开放性和网络导向的人力资源管理；[106] Dyer、Noorderhaven 等学者则实证了组织文化对网络能力的影响，认为开放、柔性、包容性的文化有利于网络能力发展；[113~114] Johnsen & Ford 以英国纺织业企业集群为例研究了人力资源管理系统、企业技术开发系统和文化系统对网络能力的影响。国内学者徐金发基于组织特征，提出企业内部的资源支持、团队管理技能和文化的开放性是影响企业网络能力的关键因素，[115]认为资源的充足投入和合理分配是开展网络合作的基础，而相关团队之间的合作，包括团队内部沟通交流、冲突管理、绩效考核等团队管理技能是影响网络能力的重要方面，此外，灵活、开放、外向的文化特征有利于网络能力建设；马刚从战略管理策略导向的视角出发验证了网络层面因素对网络能力的影响；[40]方刚通过企业案例分析得到企业信息系统的成熟度、企业文化的开放度以及网络活动经验等因素对网络能力的影响。[42]韦春北、刁兆峰认为企业网络能力受企业内部和外部各种因素的影响，主要包括外部环境、资源投入、组织结构、内部文化四个方面，并以制造业企业为研究对象进行了实证分析；[116]宝贡敏、徐碧祥分析了企业声誉在企业构建联盟网络过程中所起的作用，以及在网络创建阶段对网络能力的影响。[117]④个体层的研究主要围绕企业家个体特征等因素展开，例如，胡厚宝、彭灿以知识联盟为例，分析了个人、企业、联盟、网络四个层面的因素对网络能力的影响，其中个人层面的因素主要指企业家的领导特质等，实证研究证明变革型企业家更容易引导企业组建或加入联盟。[118]

（三）企业网络能力对企业绩效的作用研究

企业网络能力使企业可以更好地利用网络资源，借助联盟企业的核心优势，快速弥补企业自身短板，更好地达成企业绩效目标，提升竞争优势。很多学者通过实证研究验证了网络能力对组织绩效的积极正向影响。Mort认为网络能力使企业可以更好地辨识市场机会，突破资源约束，拓展战略选择的空间，有助于市场绩效的提升；[119]Sarkar等学者认为网络能力强的企业在伙伴选择、网络资源利用等方面表现得更为突出，能够以最少的投入优化企业能力结构，提升企业的市场绩效表现；[120]Walte等学者的研究发现，企业网络能力不但与企业的市场绩效有显著的关联，而且与企业长期生存方面的指标,如竞争优势显著相关;[121] Lorenzoni 等学者在对意大利制造业集群核心企业供应商管理的研究中发现,网络能力好的企业能够更好地识别、选择供应商,并根据不同供应商的特长在他们之间进行适当的分配,形成紧密高效的联系网,有助于企业保持持久的竞争力;[92] Ritter 等学者的实证研究证实网络能力好的企业在产品和流程等方面的创新表现也比较突出;[106] Hagedoorn 等学者研究技术联盟时发现,网络能力有助于企业获取及时丰富的技术信息,选择恰当的技术合作伙伴,提升技术协作水平,最终提升企业技术创新绩效;[43] Ting & Chiu 对台湾液晶面板产业集群的研究显示,网络能力与创新绩效正相关,网络能力高的企业创新绩效更好。[122]

四 已有研究评述

(一) 企业联盟国内外研究总结

企业联盟是近十年学术领域关注的热点,研究成果比较丰富。这些研究成果对联盟理论发展和企业联盟实践都具有积极的意义。但是,梳理企业联盟相关研究,本书认为仍存在以下不足。

1. 缺乏对联盟运行效果的评价类研究。联盟研究大部分集中在对联盟这一组织形式本身的分析,通过本书的综述不难发现现有的研究多围绕联盟形成的动因、联盟的组建以及如何管理等相关问题展开。联盟合作的初衷是基于效果导向的,而对于联盟效果的评价类研究却相对不足,即使存在少量的研究也是使用单一方法评价,缺少系统的评价体系。

2. 缺乏对联盟动态性的关注。现有研究大多是对联盟的静态研究,而忽视了联盟动态发展的过程。联盟不同发展阶段呈现不同的生命特征,即便在同一阶段联盟主体间也是动态互动的关系。因此对于联盟的认识和管理也不能一概而论,而现有研究线性化、静态化的思维大大影响了研究结论的有效性,制约了联盟理论的发展。

3. 本土化研究成果有待加强。目前,国内学者关于联盟的研究大多是对国外学者研究结论的验证,研究层次较浅,真正结合中国情景的本土联盟研究仍需加强。

(二) 联盟核心企业国内外研究总结

从核心企业的研究回顾中可以看出,已有研究主要集中在核心企业在网络中作用的发挥、对联盟其他企业的影响机制、与整个企业联盟的互动关系以及对区域经济和创新的影响等几个方面。梳理核心企业相关文献,本文认为尚存在以下不足。

1. 联盟核心企业的研究主要集中于网络层面的研究,从联盟企业个体角度分析的文献不多,关于联盟中居龙头地位的核心企业的研究尤其匮乏。有限的研究仅关注到个体企业与网络整体的互动,却忽视了核心企业成长对联盟整体发展以及联盟管理行为的影响。

2. 从网络角度看,大多研究开展的前提是核心企业已经处于相对成熟的企业网络中,却忽略了现实中核心企业所处的网络是动态演进的。在网络演进过程中,核心企业的角色和任务是不断变化的,它对整体网络以及网络中其他成员企业发挥作用的内容和方式也都不同,这一点被大多数研究忽略。

3. 核心企业的地位和作用不容忽视,对联盟网络的影响也是举重轻重的,但是,基于核心企业的能力、特性对网络组织运行效率和作用机制的研究却相当有限。

4. 核心企业的相关研究范围主要集中在供应链和企业集群等形式的网络组织,没有扩展到其他形式的企业网络中,如在企业实践中应用很广泛的企业联盟。

(三) 企业网络能力国内外研究总结

企业网络能力的相关研究成果比较丰富,主要集中在网络能力的结构模型构建、网络能力的影响因素分析以及网络能力与企业绩效等结果性产出的关系探析等方面。但是随着企业网络应用和实践的推广,许多新问题应运而生,现有的研究很大程度上无法解释这些新生问题,需要进一步深入研究。基于此,以下三个方面有待学者们进一步开展研究,丰富完善网络能力理论。

1. 建立网络能力评价体系。学者们基于不同研究视角对企业网络能力进行解析，建立能力结构模型，很好地实现了对企业网络能力的描述，但是要在实践中得到更广泛的运用，还需要进一步细化为可操作的网络能力评价指标体系，并构建能力评价的计量模型，使得企业能够借助科学有效的手段评估自身的网络能力水平，认识自身的能力不足，从而更好地采取措施改进和提高。

2. 网络能力动态性分析。企业网络作为网络能力发挥作用的背景环境，网络层面状态特征的不同会对企业网络能力的内涵有不同要求。而企业网络本身是动态发展的，呈现生命周期性，在生命周期不同阶段的企业网络具有不同的特征和关键问题，其网络能力的内涵也需要相应调整，以更好地适应外部环境变化，最大程度地发挥网络能力效能。然而，现有研究往往是在企业网络的静态背景下展开，对网络的动态性关注不足，大大降低了相关研究的现实解释力。

3. 网络内企业层面的细化研究。目前关于企业网络能力的研究主要集中在两方面：一是基于网络视角考察企业个体对联盟的影响和作用机制；二是基于个体企业视角考察网络能力对企业创新、绩效等关键结果性指标的影响。这些研究大多没有对联盟中的企业地位加以区分，默认企业在联盟中的作用及功能是无差异的，但是实际上，联盟中的企业是异质的，有对其他企业及联盟影响比较显著的核心企业，也有相对被动的非核心企业，对它们的区分和细化研究对企业实践的指导意义更强。

第四节 研究内容与论文框架

一 主要研究内容

本文针对以上三个领域相关研究的不足，以生命周期理论为切入点，站在核心企业的视角，重新审视联盟合作的有效性问题，围绕对核心企业网络能力的认识、评价和提升三个关键问题展开研究，具体内容包括以下五个方面。

第一章，阐述了本文的理论意义和现实意义，梳理国内外学者对企业联盟、企业网络能力、联盟核心企业等的研究思路，展现出了学者们在该领域研究的主要思想和研究成果，为本文的研究奠定理论基础。

第二章，利用生命周期理论分析企业联盟的演化过程，提炼联盟生命周期各阶段的典型特征，并在此基础上分析核心企业在各阶段演化中扮演的关键角色，为后文以联盟生命周期视角分析企业网络能力奠定基础。

第三章，从生命周期视角构建联盟核心企业网络能力结构维度，从网络规划能力、网络构建能力、网络管理能力以及网络变革能力四方面进行描述，并借助统计分析方法对提出的结构模型开展探索性和验证性因子分析，验证能力结构的有效性。

第四章，设计联盟核心企业网络能力的综合评价计量模型。借助综合评价理论的最新研究成果，采用组合评价思想，构建了联盟核心企业网络能力的计量模型。首先，基于熵权 - 支持向量机构建联盟不同生命周期的判定模型；其次，利用层次分析法（AHP）与因子载荷法对核心企业网络能力概念模型中的指标体系进行主客观组合赋权；最后，利用具有唯一特征雷达图算子对组合权重与规范化后的指标值进行集成。

第五章，构建联盟核心企业网络能力提升路径模型。以能力提升为目的，探索了核心企业网络能力的主要影响因素，并从中挑选出关键的影响要素，探索其对网络能力的影响机制。借助第四章得到的能力维度与生命周期发展阶段之间的联系，有针对性地提出核心企业在联盟不同生命周期中的网络能力提升路径和策略。

二　论文技术路线

针对以上各部分研究内容，本书采用的具体技术路线如图1-5所示。

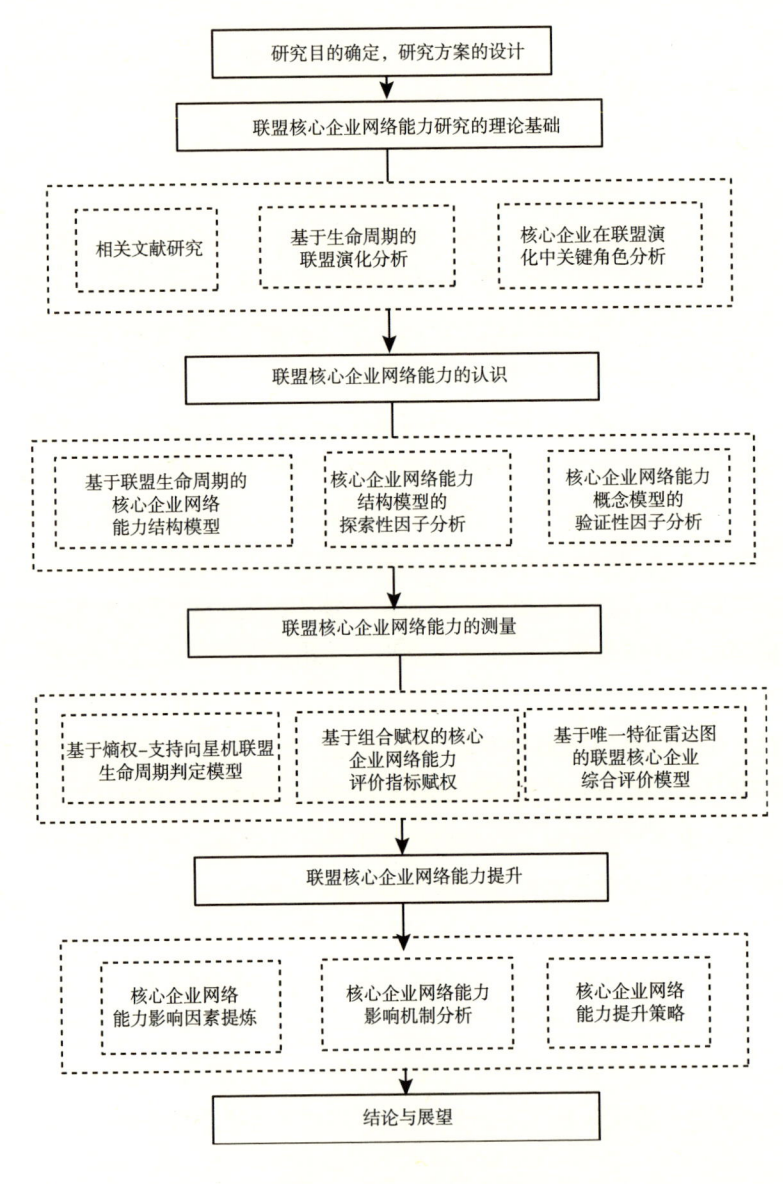

```
┌─────────────────────────────┐
│  研究目的的确定，研究方案的设计  │
└─────────────────────────────┘
              ↓
┌─────────────────────────────┐
│  联盟核心企业网络能力研究的理论基础 │
└─────────────────────────────┘
              ↓
┌ ─ ─ ─ ─ ─ ─ ─ ─ ─ ─ ─ ─ ─ ─ ─ ─ ┐
  ┌────────┐ ┌──────────┐ ┌──────────┐
│ │相关文献研究│ │基于生命周期的│ │核心企业在联盟│ │
  │        │ │联盟演化分析│ │演化中关键角色分析│
│ └────────┘ └──────────┘ └──────────┘ │
└ ─ ─ ─ ─ ─ ─ ─ ─ ─ ─ ─ ─ ─ ─ ─ ─ ┘
              ↓
┌─────────────────────────────┐
│    联盟核心企业网络能力的认识    │
└─────────────────────────────┘
              ↓
┌ ─ ─ ─ ─ ─ ─ ─ ─ ─ ─ ─ ─ ─ ─ ─ ─ ┐
  ┌──────────┐ ┌──────────┐ ┌──────────┐
│ │基于联盟生命周期的│ │核心企业网络能力│ │核心企业网络能力│ │
  │核心企业网络 │ │结构模型的 │ │概念模型的 │
│ │能力结构模型│ │探索性因子分析│ │验证性因子分析│ │
  └──────────┘ └──────────┘ └──────────┘
└ ─ ─ ─ ─ ─ ─ ─ ─ ─ ─ ─ ─ ─ ─ ─ ─ ┘
              ↓
┌─────────────────────────────┐
│    联盟核心企业网络能力的测量    │
└─────────────────────────────┘
              ↓
┌ ─ ─ ─ ─ ─ ─ ─ ─ ─ ─ ─ ─ ─ ─ ─ ─ ┐
  ┌──────────┐ ┌──────────┐ ┌──────────┐
│ │基于熵权-支持向量机联盟│ │基于组合赋权的核心│ │基于唯一特征雷达图│ │
  │生命周期判定模型│ │企业网络能力 │ │的联盟核心企业 │
│ │          │ │评价指标赋权│ │综合评价模型│ │
  └──────────┘ └──────────┘ └──────────┘
└ ─ ─ ─ ─ ─ ─ ─ ─ ─ ─ ─ ─ ─ ─ ─ ─ ┘
              ↓
┌─────────────────────────────┐
│    联盟核心企业网络能力提升     │
└─────────────────────────────┘
              ↓
┌ ─ ─ ─ ─ ─ ─ ─ ─ ─ ─ ─ ─ ─ ─ ─ ─ ┐
  ┌──────────┐ ┌──────────┐ ┌──────────┐
│ │核心企业网络 │ │核心企业网络能力│ │核心企业网络 │ │
  │能力影响因素提炼│ │影响机制分析│ │能力提升策略│
│ └──────────┘ └──────────┘ └──────────┘ │
└ ─ ─ ─ ─ ─ ─ ─ ─ ─ ─ ─ ─ ─ ─ ─ ─ ┘
              ↓
┌─────────────────────────────┐
│         结论与展望           │
└─────────────────────────────┘
```

图1-5 本书技术路线

三 主要研究方法

（1）文献研究法。围绕相关研究主题查阅大量文献资料，对已有研究进行系统的归纳梳理，学习相关研究成果，在此基础上明确了本书研究选题和研究思路，同时也为本书研究的开展奠定了理论基础。

（2）定性分析法。本书通过对企业联盟、核心企业、企业网络能力以及生命周期理论等已有文献的回顾，借助企业生命周期理论建立了联盟核心企业网络能力概念模型。

（3）数量建模法。运用结构方程模型对本书联盟生命周期视角下构建的企业网络能力的测度模型展开探索性因子分析和验证性因子分析，证明其有效性。利用支持向量机分类技术对联盟网络发展周期进行判定。此外，运用目前综合评价的最新成果，借助组合评价理论思想，设计联盟核心企业网络能力评价及提升模型。具体涉及层次分析（AHP）、熵权、因子载荷、雷达图等方法。

（4）实证研究法。本书在联盟核心企业网络能力的构建和评价过程中，选择大量核心企业为对象，收集相关数据进行实证研究，验证了本书所构建的网络能力及评价模型的可行性和有效性，并为这些企业的发展提供了指导性建议。

第二章　基于生命周期理论的联盟网络演化机制

　　企业联盟在多种力量的推动下呈现动态性、阶段性的发展过程，并且在联盟发展的不同阶段表现出的主要特征和面临的关键问题都会随之变化。伴随着联盟发展阶段的更替，核心企业在联盟中扮演的主要角色和发挥作用的机制也会产生微妙的变化。如果不能正视联盟发展的动态性，抱着刻舟求剑的思想去研究核心企业网络能力问题，得到的结论必然无法正确指导企业实践。因此，本书在对核心企业网络能力三个关键问题展开研究之前，首先需要研究核心企业网络能力发挥作用的情景，即对联盟的演化过程及核心企业在联盟演化中的作用进行研究。

　　本章将在对生命周期理论回顾的基础上，分析企业联盟的演化过程，提出联盟演化发展的四个阶段，即联盟生命周期，探索联盟生命周期不同阶段的关键特征以及核心企业在其中扮演的关键角色，为后文以联盟生命周期视角展开核心企业网络能力的研究打下理论基础。

第一节　生命周期理论

　　生命周期是一个生物学概念，可以通俗地理解为生命体"从摇篮到坟墓"的整个过程。生命周期这一概念应用非常广泛，于20世纪80年代引入管理学领域，最初应用于产品方面，以后逐渐被借用并拓展到技术、企业、产业以及社会等方面。1972年，美国哈佛大学教授拉苗·格雷纳（Greiner）第一次从生物学的视角，提出企业生命周期的概念，并进行了较全面的探讨，被视为企业生命周期研究的开端。[123]而美国学者伊查克·爱迪思（Ichak Adizes）的《组织动力学》《企业生命周期》等论著开启了企业生命周期理论的研究热潮，他认为不同企业的成长存在相同的规律，就像人的成长一样，呈现生命周期规律，并将企业生命周期划分为产生、成长、成熟、衰退和死亡五个阶段。同一般自然生物系统相似的是，企业生命周期之间的转换，同样是由类似生物进化的三种核心机制推动完成的，即新陈代谢性、自我复制性和突变性。企业在成长转变过程中需要完成若干个生命阶段的跃迁，在实现生命阶段的过渡后，企业面临的主要问题将发生变化，并呈现出与上一个阶段非常不同的生命状态。

与单个企业的生命周期类似，学者们进一步的研究揭示企业网络在它们的生命周期发展过程中表现出很强的一致性。Gort 和 Klepper 最早用生命周期理论分析企业网络的发展。他们在研究产品生命周期的基础上对内生型产业生命周期的演化进行了最初的研究。[124]波特（Michael E. Porter）对企业集群生命周期的研究证实，集群的发展可以分为孕育、进化、衰退三个阶段。孕育期，在一定的环境压力下，企业自发结成更加紧密的合作关系，随着合作的稳定和加强，企业集群逐渐形成；进化期，集群外部企业意识到集群的优势，不断加入集群，使集群内企业数量激增，周边服务机构也更加完善，集群逐渐呈现成熟稳定的状态；衰退期，在企业内部经营或外部环境突变等因素影响下，企业集群逐渐失去竞争优势。[125]任荣等学者针对战略联盟提出联盟发展四阶段模型，包括协商期、成长期、成熟期和蜕变期。其中，协商期是企业在内外部环境分析的基础上寻求合作伙伴，明确合作目标，逐步形成联盟关系的过程；成长期是联盟步入正轨后，合作逐步深化、规模不断扩大，呈现强劲发展势头的阶段；成熟期是联盟平稳运行，成员间高度信任依赖，并呈现显著的联盟效益的阶段；蜕变期是联盟遭遇内部特征或外部环境的剧烈变化后，表现出发展路径分化的过程，有的联盟重新调整获得新生，有的联盟走向衰败解体。[126]

可见，相对于个体企业的生命周期，企业网络的生命周期更加复杂。企业从产生、发展到灭亡这一生命周期过程轨迹非常清晰，容易界定判断，而企业网络的生命周期是一个企业群落的产生、发展、成熟和灭亡的过程，它不是群内个体企业生命周期的线性叠加，而是一个受企业生命周期和群内企业互动等诸多因素影响的更加复杂的过程。企业网络运营得当会使其生命周期延长，但如果触动某些脆性因子（如内部信任等），则会快速走向衰退甚至解体。

第二节　基于生命周期的联盟演化分析

一　联盟演化影响因素

同其他演进过程一样，联盟作为由多单元构成的有机网络，演进过程也是在各种影响因素的作用下自然发生的。这些影响因素大致可以分为两类：一类是促使联盟内部企业进行集聚的向心力量；另一类是导致企业联盟退化甚至解体的离心力量。两种力量随联盟创建产生，并一直伴随联盟发展直至解体。两种力量对比的情况直接决定着联盟演化的性质和方向。本文将对这两种力量分别展开分析，以期更好地探究联盟演化发展的规律。

（1）向心力是联盟网络形成和发展的动力，表现为一种"集聚效应"，由对联盟外部企业的吸引力和对联盟内部企业的凝聚力两部分组成。其中，吸引力使联盟不断涌现新成员；凝聚力使联盟内企业间保持着密切的合作共生关系，使联盟得以存续和发展。显然，这种集聚效应是联盟得以产生的根本因素。那么又是什么因素带来集聚效应的呢？

第一，外部资源整合的需要。资源整合是企业对来源、结构、内容各不相同的资源进行再识别、再配置，创造出新生资源的过程。资源整合包括内部资源的整合和外部资源的整合两个层面，以往对于企业资源整合的关注多侧重于企业内部资源，然而，伴随知识经济与科学技术的发展，产品生命周期不断缩短，顾客需求不断提高，企业生存环境不断变化，企业要快速响应顾客需要、把握稍纵即逝的市场机遇，仅依赖自身资源是远远不够的，必须将自己的资源延伸到其他的企业，借助外部资源，提高企业柔性，从而在市场竞争中拥有一席之地。因此，外部资源的整合变得愈发关键。正是这种对外部资源整合的迫切需求，引导企业积极寻求并建立一种更紧密的企业间合作关系，也是企业联盟向心力的重要源泉。[127]

第二，降低经营成本的需要。现代经营环境下，尽管企业获取竞争优势的途径日趋多元化，但是降低成本始终是企业不懈追求的永恒目标。然而，低成本经营作为一种具有战略价值的经营手段，必须具有难以效仿性，才能够长久地持续。基于联盟的企业成本竞争优势来源于网络内企业在生产经营不同环节上相对优势的互补作用，通过长期紧密的合作降低相关业务成本，使成本优势得以持久且难以模仿。联盟为企业降低经营成本的途径主要有两个。一是实现规模经济降低成本。联盟为企业在不扩大自身规模之外，开辟了实现规模经济的新途径。企业借助联盟规模增加的整体效应，整合联盟内部企业在技术、信息和人才等诸多方面的资源，降低企业占有资源带来的高成本，并在联盟网络内部实现规模经济。[128]例如，使用联盟其他成员提供的专用产品以降低固定成本投入，从而专注于核心能力的培育与积累，变相提高劳动生产率；通过共同的产品、技术标准和规模采购等降低交易成本和采购成本；通过信息共享降低信息不对称带来的成本损失；等等。二是实现范围经济降低成本。企业在生产一种或有限品种的产品时，资源和核心能力无法被充分有效开发，而企业联盟网络联合体在生产更多品种的产品时，可以通过对多个企业剩余资源的共享利用，使投入成本在不同的产品中分摊，降低单位成本，产生范围经济。例如，借助资源和技术互补的联盟成员，进入新的生产领域，实现比自己单方面生产降低成本的效果；借助联盟网络更加灵活快速地响应客户多样化、定制化的要求等。

第三，技术创新能力的需要。企业对技术创新的内在需求是促使其加入联盟的重要因素。全球化的技术变革为企业市场竞争带来了更多不确定因素，暂时的竞争优势往往在速度神话中产生，又很快被侵蚀掉。因此，只有拥有持续性创新带来的竞争优势，才能获得长久的竞争力，这就对现代企业学习和创新能力提出了更高的要求。联盟作为企业实现创新的一种组织形式，能够以相对有效的运作方式使资源和能力组合、演化，为企业持续创新提供制度化的动力和机制。首先，联盟成员企业拥有的创新要素和创新能力在联盟内部良性互动，带来创新绩效的大幅提升，相对其他创新方式具有比较优势。其次，企业依赖联盟学习机制，在尽可能大的范围内进行相互学习，调动联盟内企业能力、资源等各方面的协同效应，创造更多超越式创新的机会。最后，联盟本身的动态柔性机制为企业持续创新创造了条件。联盟组织的松散性使其具有较强的灵活性，在保证企业创新决策独立有效的同时，最大程度地调动了其他成员企业的优势资源，使联盟企业的持续创新成为可能。

（2）离心力是联盟形成发展的阻力，表现为一种"扩散效应"，由联盟外向吸引力和联盟内企业间的排斥力两种力量组成。其中，外向吸引力是联盟外部出现更有利的发展、合作机会时产生的脱离联盟合作的意愿；排斥力是在联盟内部合作过程中，联盟内企业无法很好地沟通协调或其他原因导致的成员企业合作意愿降低的力量。导致这两种力量产生的因素有以下几个方面。

第一,市场环境变动的因素。企业在追求经济利益最大化的目标驱使下加入企业联盟,期望通过网络合作更好地抵御经营风险,提升竞争优势。但是,随着某些经营条件的变化,联盟以及企业个体将面临一些新的市场风险,联盟外部也可能产生一些更好的市场机会,在市场风险和市场机会的共同作用下,联盟向心力减弱,离心力增强。联盟发展中客观存在的离心力,在联盟内部竞争加剧或外部环境发生剧烈变化时,会以破坏联盟合作的形式表现出来。

第二,利益分配的因素。联盟中利益分配的原则一般是对企业风险承担和资源投入的补偿以及对其创造性活动的肯定。当联盟成员实际获取利益与其预期目标有差距时,就会对联盟的有效性产生怀疑,选择退出联盟,或者试图争夺联盟主导权,引导联盟向有利于自身利益的方向发展。而很多时候联盟成员会将企业自身问题带来的收益降低投射到联盟中去,认为是联盟分配不公导致的结果。企业个体的错判往往会给联盟的扩散效应加码,刺激合作关系中的不稳定因子。

第三,联盟内部竞争的因素。联盟成员基于共赢的目的聚集在一起,但是作为单独的经济利益体,当面对稀缺资源和有限机会时,竞争又成为必然的现象。尤其是面对一些可流动或者能够被共享但是容量有限的资源时,伴随网络规模的扩大,内部竞争性也会增强,这种状态无疑会增强离心力的作用。

第四,道德风险因素。联盟网络的道德风险也是伴随其始终的,主要表现为联盟成员的搭便车等机会主义行为,以及出于个体企业利益出卖联盟等。导致这种现象的原因有两个方面:一方面是企业在个体利益与联盟利益出现冲突时,追求个体利益最大化的本性;另一方面是联盟这种相对松散的组织,规范制度软化。道德风险会影响联盟构建的基础——信任机制,而内部信任的破坏,对联盟是致命的打击。

第五，技术锁定效应的负面影响。"锁定"本质上是动态演进过程中的一种"路径依赖"现象，在联盟发展初期，这种路径依赖有利于降低交易成本和搜索成本，是促成企业联合的重要向心力量。但是，当联盟网络发展到一定阶段的时候，锁定效应会带来一些结构性风险。具体表现为联盟内部广泛存在的技术关联性，造成一定程度的墨守成规，阻碍新技术的采用；联盟内部相对封闭、稳固的信息圈，降低了企业到联盟外部获取新信息的意愿等。锁定效应带来的风险积累到一定程度甚至会导致联盟的衰亡。

可见，向心力和离心力始终共同作用于联盟的发展，两种力量的对比关系决定着联盟演化的性质和方向，并使联盟网络呈现出不同的发展特点。本书通过分析两种力量在联盟全生命周期中的力量变化，并借鉴波特、任荣等学者对企业网络类组织生命周期的研究成果，将联盟生命周期分为结网期、发展期、稳定期、变革期四个阶段，提出不同阶段中联盟面临的主要危机，如图2-1所示。

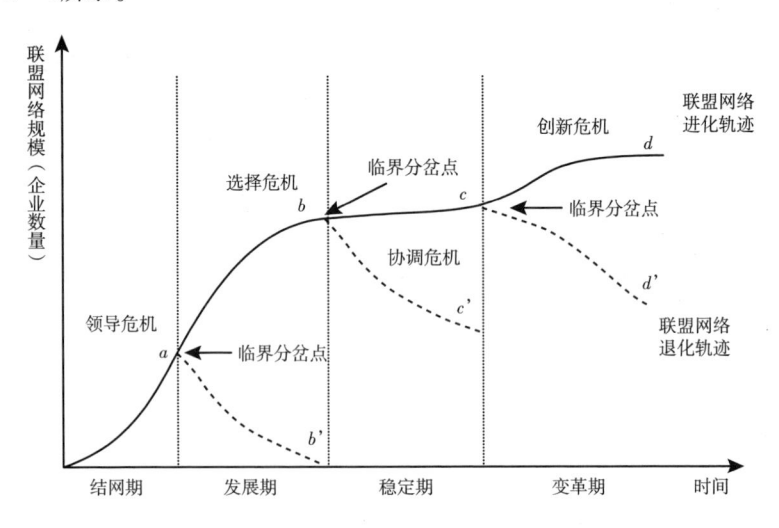

图2-1 不同阶段中联盟面临的主要危机

在联盟结网期，联盟内企业数量比较少，离心力很弱，处于向心力积累的过程中。这个阶段联盟中处于主导地位的核心企业的作用比较关键，需要有很强的联盟领导力，联盟网络容易陷入领导危机，这时联盟网络演化就面临第一个临界分岔点，如果能够很快地克服领导危机，联盟则能够顺利发展，快速达到临界状态 a 点，进入发展期阶段。

在联盟发展期，联盟网络在 a 点面临两种发展路径，一种是联盟向心力使聚集效应放大，而离心力却有限，向心力大于离心力推动联盟演化方向沿着图中 ab 的方向发展，另一种是联盟发展中离心力急剧放大，成为推动联盟演化的主力，那么联盟将沿着 ab' 的方向发展，联盟也将最终夭折。这个阶段，联盟内成员企业会出现井喷式增长，如果没有健全的准入标准和选择机制，联盟很容易因大量进入新成员变得混乱，从而产生合作风险，甚至使联盟走向崩溃，因此，这个阶段联盟面临选择危机。如果能够顺利地克服选择危机，联盟将进入稳定期。

在稳定期，联盟已经具备一定规模，向心力在联盟中的释放达到极致，而离心力却越来越强烈。如果联盟内部两种力量势均力敌，处于一种基本均衡的状态（bc 段轨迹），联盟将保持这一平衡状态平稳发展。在这个阶段，联盟成员数量达到峰值，大量合作企业间的沟通协调成为这个阶段联盟面临的最大的问题，处理不好联盟很容易陷入协调危机，进而加速退化，达到新的决策分岔点 c。

经过分岔点 c 后联盟进入变革期。这时联盟的发展又将面临两种发展路径，一种是联盟持续创新，抓住发展机遇，拓展新的发展领域，为联盟向心力注入新的力量，联盟沿着 cd 的轨迹发展，另一种是联盟缺少创新的动力与机制，不能及时调整自身适应外界环境变化，联盟离心力进一步增强，联盟向退化的方向发展，甚至可能解体，沿着 cd' 的轨迹演化。这一阶段联盟离心力增强的根源在于经过稳定发展阶段的长期磨合，联盟成员企业在技术创新等方面已经形成固定的路径和模式，技术创新路径锁定后，联盟对市场的应对能力下降，当市场环境出现新的需求时，联盟反应反而迟钝了。联盟陷入创新危机，需要新的创新动力提升企业向心力，降低离心力。

二 联盟生命周期演化的阶段特征

本书上文分析了联盟演化过程，并将联盟生命周期分为结网期、发展期、稳定期、变革期四个阶段。企业联盟在不同的生命周期阶段，行为模式会通过不同特征表现出来，下面将从个体性、网络性、技术性、外部性和发展性五个方面阐述联盟生命周期不同阶段的特征。

（一）结网期

结网期是企业向联盟迈进的阶段。在各种外部条件和内部因素的作用下，少数企业萌生了组建联盟的意向，并围绕某个技术上或市场上有优势的企业结盟联合。这时联盟的效应还没有充分显现，大部分相关企业处于观望态度，他们会根据经济环境、市场、资源、技术等要素判断是否加入联盟。成功企业的示范效应会激发他们加入联盟，使联盟进入新的发展阶段。此阶段的联盟企业网络具备以下特征。

第一，联盟内个体企业。这个阶段联盟内企业数量有限，企业规模也相对较小，且合作程度不高、布局分散，企业和联盟业务收入都非常有限，生存能力较弱。

第二，联盟网络整体。企业联盟初期网络内部关系还处于磨合期，网络的密度、强度相对较小，网络结构零散，内部企业间联系单一，基本只与核心企业保持单向联系，相互间缺少横向联系，整个联盟处于弱联系阶段。同时，联盟内部专业化分工水平也很低，信任体系不成熟，企业间的联系主要以非正式的沟通为主。联盟企业间交易都是小规模交易，交易进行和完成的基础主要是口头承诺和企业良好的信誉，协作机制较差，没有形成联盟内部公认的标准和规则。

第三，联盟产品及技术。通常某个具有创新性的企业在技术上的某项进步，为企业本身及其相关联的企业提供了发展契机。技术上的控制力会使该企业发展为联盟中的核心企业，该企业利用技术上的优势锁定关联企业，并影响它们。但是由于创新和技术处于初级阶段，产品较单一，且市场占有率不高，尚未形成完整的产业链或价值链。[130]此时，联盟内部的创新效益低，联盟功能基本上是低级的生产组装功能，尚未形成成熟的创新机制，但核心企业对于关联企业的技术输入已经在联盟内形成一种注重技术的氛围。

第四，联盟外部联系。这一阶段联盟与外部联系有限，从外界（如政府等公共机构）得到的政策性支持也很少，主要是与联盟内的企业进行内部的交易。同时，这个阶段，企业进入或退出联盟的成本也比较低。

第五，联盟网络发展。这个阶段联盟表现出较好的成长性，外部企业和社会各种资源都逐渐向联盟网络聚集。

（二）发展期

这一阶段是联盟快速发展的阶段，在聚集效应的作用下联盟竞争力得到有效提升，联盟内部企业通过规模效应降低生产成本，提高了运营效率，联盟核心产品、终端产品的销售量大大提高，市场份额逐步增大，联盟内品牌逐渐成形。同时，在联盟发展效应的带动下，联盟将吸引更多的外部企业，政府机构、科研机构以及金融机构等外部组织也将为其提供更多的便利，促进联盟的快速扩张。[131]此阶段具备以下特征。

第一，联盟内个体企业。这一阶段联盟内企业的数量逐渐增多，企业规模逐渐扩大，企业间专业化分工更加细化，企业个体借助联盟实现优势互补，降低经营成本，进而带来生产率和竞争优势的提升。

第二，联盟网络整体。联盟的聚集效用逐渐凸显，联盟内企业互动与合作的频率明显增多,强度明显加强,逐渐形成了互助共生的关系,联盟内信任体系正在构建,初步形成一些联盟内部公认的标准和规则。这一阶段,联盟开始拥有自身的核心能力,其竞争力和生命力大大提高。[132]

第三,联盟产品及技术。该阶段在联盟的带动下,企业的技术创新要素得到最大程度的激发,技术创新能力得到大幅提升,联盟内企业产品逐渐成熟,日益形成品牌优势。

第四,联盟外部联系。联盟的区域或社会影响力逐渐增大,为联盟提供各种服务的外部机构也开始逐渐增多并聚集。联盟外围的亚网络体系逐渐形成,这将进一步推进联盟的发展。

第五,联盟网络发展。这个阶段联盟表现出很好的成长性,外部企业和社会各种资源都向联盟快速聚集。

(三) 稳定期

联盟经过高速发展,逐渐形成了规模庞大的网络群落,联盟和联盟产品都具备相当高的知名度,产品占据相当大比重的市场份额,但市场增长变得缓慢并日趋保持稳定。[133]此阶段具备以下特征。

第一,联盟个体企业。联盟内企业数达到一个较大的量,出现了一些知名企业,专业化的分工使得联盟内企业的核心竞争力得到最大程度的发挥,联盟和企业个体的赢利能力都很强,在市场上具有很强的竞争力,同时,个体企业进入和退出联盟的成本很高。

第二,联盟网络整体。联盟内企业结构和比例合理,企业间交流频繁,形成信任体系,能够实现很好的协作,并且已经形成了内部的标准和规范体系,整个联盟处于最佳状态,拥有稳定的核心能力。

第三,联盟产品及技术。联盟的产品技术成熟,并逐渐形成品牌效应;同时,联盟内部形成了稳定的技术创新模式,拥有自己的大型研发中心。联盟内形成了规范的创新机制,创新成为企业联盟发展的动力,创新效益较高。

第四,联盟外部联系。联盟外部配套设施及相关机构日益完善,形成以联盟为中心的亚网络群。同时,企业联盟也逐渐形成了一定的文化、习俗、价值观等。

第五,联盟网络发展。这个阶段联盟网络的成长性呈现稳定的特点,外部企业和社会各种资源的聚集和流失呈现均衡状态,进入和流出基本可以相互抵消。

(四)变革期

市场环境变化、行业技术水平创新等外部因素或联盟长期发展带来的行政官僚化等内部因素使联盟逐渐丧失了创新活力,联盟的核心产业市场竞争力减弱,发展进入停滞阶段。这时如果联盟无法开启新一轮的变革创新,重新适应外部经营环境,积极解决联盟内部存在的问题,则联盟将走向解体,反之,如果联盟能够很好地处理这些问题,则联盟将进入新一轮的快速发展,形成新的核心能力。[134]

第一,联盟个体企业。这一阶段,联盟网络内部企业开始退出,新进企业极少进入;受长期发展的影响官僚气息加重,联盟管理成本急剧增加,企业间合作的灵活性降低,联盟网络的盈利能力下降,但个体企业退出网络的成本较高。

第二,联盟网络整体。这一阶段联盟网络对市场和技术反应的应变能力和反应程度逐渐降低,联盟内部企业联系强度和联系频率下降,资源、人才、资金等逐渐外流,联盟网络开始萎缩,竞争力减弱。

第三,联盟产品及技术。联盟长期以来形成的技术创新路径依赖,使联盟内部创新机制僵化,技术创新能力停滞,产品不能得到突破性进展,生产技术在同类产业的竞争中已不占优势。[135]

第四,联盟外部联系。伴随非预期、非连续环境变化,以及长期发展造成的内部管理僵化,联盟网络外部亚网络群体逐渐消失。在应对外部新变化上，联盟落后于竞争对手，社会形象、品牌声誉受到一定损害，部分没有积极改变同外部环境之间的问题的联盟网络，这时将会逐渐解散。

第五，联盟网络发展。这个阶段联盟网络成长性逐渐丧失，外部企业和社会各种资源流失严重，联盟网络整体呈现萎缩状态。

第三节 核心企业在联盟演化中扮演的关键角色

如前文分析所示，联盟的演化是在向心力和离心力的共同推动下实现的，呈现阶段性，并且联盟在发展的不同阶段面临不同的发展危机。在克服这些危机，实现企业联盟的顺利成长的过程中，核心企业扮演着非常重要的角色，肩负着不可替代的责任。由于联盟在不同时期的组织特征、行为模式以及面临的问题都有所不同，所以在联盟不同阶段核心企业发挥的作用和作用的机制也不尽相同。在此，以联盟生命周期不同阶段为基础，探讨核心企业在联盟演进过程中的关键作用。

一 结网期核心企业的角色——发起的领导者

联盟结网期最重要的是要有系统科学的战略规划。联盟战略规划的缺失，使企业无法通过联盟增强竞争力，而且也是竞争对手攻击企业的突破口。这一阶段核心企业的作用最为显著。核心企业围绕自己的战略需求，组建联盟网络，在联盟组建意向的达成、联盟定位以及发展规划等方面都发挥着不可替代的领导作用。

核心企业在联盟规划过程中，需要依次解决两个问题。首先是决策联盟组建的必要性。核心企业组建联盟是为了战略目标的快速有效达成，所以核心企业在做出决定之前首先要根据自身状况和外部环境判定联盟是否有助于达成这个目标，评估建立联盟潜在的风险和收益。其中，在内部评估方面，核心企业的领导必须对企业未来发展有一个清楚的战略定位，并围绕这一定位，分析自身条件，基于企业发展短板筛选合作伙伴；在外部环境分析方面，核心企业要弄清在所处的市场环境中，隐藏着哪些方面的挑战与威胁、面临怎样的发展机遇，这是建立战略联盟的基点和方向。其次是联盟的初步设计，包括联盟结构、功能的设计，联盟组织模式、整体合作流程的结构化、形式化描述等，[136]并在以上方面清晰定位后，将战略规划思想逐步传递至合作伙伴企业，在联盟内部形成战略思想一致性。

二 发展期核心企业的角色——选择的决策者

联盟发展期，最典型的特征就是联盟规模的不断扩张，这个阶段联盟核心企业最重要的活动就是寻找、评估和选择合作伙伴。好的合作伙伴可以极大地降低联盟的风险，减少联盟的投入，为联盟带来更大的价值。因此，合作伙伴的选择成为联盟核心企业发展期面临的关键问题。核心企业选择合作伙伴的过程包括伙伴选择、模式选择以及伙伴的综合评价三个阶段。

首先，合作伙伴的选择。联盟构建的初衷是通过整合互补性资源创造协同效应，提升创造最大价值的可能性，所以核心企业在伙伴选择中要关注互补性；[137]同时，合作伙伴间要有共同的价值取向，只有联盟内部企业相互融合，才能最大程度地避免合作摩擦和冲突。合作企业的声誉是核心企业从大量的候选企业中做出最优选择的重要依据，在信息不对称的情况下，企业声誉可以帮助核心企业在很大程度上避免选择的盲目性，有效控制合作风险。[138]

其次，合作模式的选择。为降低管理成本，提高管理效率，联盟核心企业会对合作伙伴进行分类管理，根据需要与联盟中的合作伙伴采用不同的合作模式。[139]合作伙伴按照与核心企业的关系可以分为紧密型伙伴、半紧密型伙伴及松散型伙伴；按照对联盟的影响程度通常分为战略型伙伴、战术型伙伴和普通型伙伴。联盟网络内部企业间合作模式如图 2-2 所示。

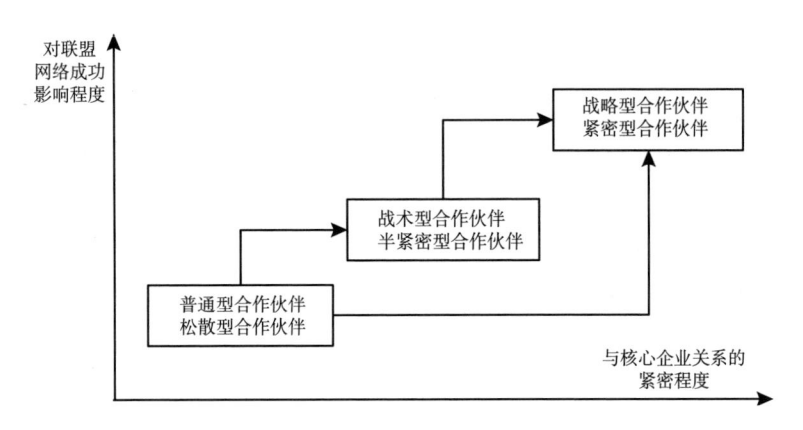

图 2-2 联盟网络内部企业间合作模式

最后，合作伙伴的综合评价。核心企业从诸多综合评价理论中选择合适的方法评价潜在和合作伙伴。核心企业如果找到最适宜的合作伙伴则选择过程结束，如果没有则要对联盟合作选择机制进行反省，对合作伙伴的选择条件进行重新设置。合作伙伴的评价方法，有主观选择方法和客观选择方法两大类，其中，主观选择方法主要借助专家和管理者的主观评判进行选择；客观选择方法主要借助科学的计量评价方法进行选择。

三 稳定期核心企业的角色——冲突的协调者

稳定期联盟内企业数量较多，核心企业在保证联盟内部企业间协同合作、维持联盟有序运行等方面有更多的任务和责任，因此，核心企业在联盟稳定期最关键的任务就是推动联盟内部的协同。

联盟协同机制是一个复杂系统，包括知识协同、技术协同、利益协同、关系协同四个方面。首先，知识协同，联盟内每个合作企业都既是知识源，也是知识需求方，相互之间的知识互补与需求是联盟得以组建的重要因素,要让合作伙伴的知识在联盟内畅通无阻地流动,并创造新的积极效益,核心企业需要建立知识管理机制以及知识交流平台。[140] 其次,技术协同是协调联盟内部企业的技术要素和资源,实现联盟创新过程,包括技术创新流程的设计、各合作企业在技术交流中承担的角色、成员企业内部技术要素的发掘调动以及联盟与外部科研机构的协同等。再次,利益协同是联盟中成员企业利益行为及利益分配的方式,包括联盟内部成员间利益分配原则、分配模型、资产及各种配套措施构成等。最后,关系协同是联盟内企业信任、尊重、沟通等多要素互动的关系总和,由联盟合作企业间信任、情感、文化等软要素以及管理机制、信息技术平台等硬要素构成。[141]

四 变革期核心企业的角色——创新的推动者

联盟变革期最显著的特征是联盟核心产业投资回报率下降,甚至出现亏损,合作企业和资源出现了严重的外流现象。如果核心企业不能根据环境变化适时地调整战略,寻求新的发展契机,联盟将走向终结;若核心企业可以领导联盟发现新的增长点,将带领联盟进入新一轮的发展周期。

核心企业一般处于联盟价值链的高级环节,联盟新增长点的挖掘既需要核心企业自身创新能力的提升,也离不开联盟中其他企业的支持。从管理实践来看,很多成功联盟的核心企业都非常重视关联企业技术水平的提升,一方面会为它们提供技术支持,另一方面会让其参与到新产品开发和创新中来。比如,为了提高技术的可实现性及创新的效率,日本的汽车制造企业的技术创新往往有其供应商参与;广东汽车产业联盟丰田集团与其配套企业之间的创新;江门摩托车联盟中的大长江集团与其配套企业间的协作创新;等等。由此可见,核心企业的技术创新及知识扩散对推动联盟战略升级、提升经营效率均有重要作用,有利于联盟竞争力的提高和长期健康发展。

第三章 核心企业网络能力的结构与测度模型

在联盟生命周期演化分析和核心企业关键作用分析的基础上，本章从联盟生命周期的视角出发，以"认识核心企业网络能力"为主要任务，站在核心企业的立场，探讨企业网络能力的维度结构，设计测量量表，通过统计分析方法进行验证，保证能力结构以及测量量表的信度和效度。最后，通过方差分析检验联盟不同发展阶段对核心企业网络能力不同维度的影响差异，为第四章基于联盟生命周期网络能力的动态评价奠定基础。

第一节 核心企业网络能力维度划分及要素内涵

关于企业网络能力结构维度，国内外学者进行了许多有益的探索，本书在研究综述部分进行了详细系统的梳理，其中比较有代表性的是国外 Ritter 等学者、Moller & Halinen 以及 Hagedoorn 等学者的网络能力结构模型，国内主要是徐金发、邢小强以及方刚等学者研究的成果。这些研究系统地构建了企业网络能力的结构维度，为后续研究打下了扎实的基础。然而文献梳理中我们发现，已有研究大多构建的是网络能力的通用模型，缺乏对联盟不同地位企业的细化分析。核心企业在联盟构建、管理、协调等诸多方面承担更多的责任，其网络能力与非核心企业相比必然存在差异。因此，有必要针对核心企业网络能力结构模型进行研究探讨。第二章的研究表明，核心企业在联盟发展的不同阶段面临的关键问题是不同的，需要不同的能力维度去解决，这也是构建核心企业网络能力结构时需要特别关注的问题。

综合以上考虑，本书关于核心企业网络能力结构维度的研究，将在已有研究的基础上，结合联盟生命周期发展的不同阶段对企业网络能力的诉求，构建核心企业网络能力结构维度，更好地体现核心企业网络能力的独特性，满足联盟动态发展对网络能力的要求。

一 网络规划能力

网络规划能力侧重战略层面，是企业从战略性视角出发，判断联盟机遇，辨识联盟价值，规划联盟结构，以及预测联盟演化趋势的能力。[142]对于联盟核心企业而言，网络规划能力尤其重要。核心企业在联盟构建的全局性规划上承担着更多的责任，它必须懂得网络构建、运行、演化的原则和规律，并能够从战略层面设计、协调联盟运行。网络规划能力使核心企业可以通过积累的经验、知识对网络演化产生影响，从而更好地诠释自身的理念，安排协作，并做出最佳的决策。这种作用在联盟创建的初期更为突出。

本书认为网络规划能力可以从三个维度理解。①愿景塑造能力，是核心企业对联盟愿景及目标的塑造能力，包括核心企业对自身诉求以及诉求满足渠道的分析定位，在协助合作伙伴识别联盟机会等方面，是企业能够建立指导联盟行动的具体目标和方针。②结构设计能力，是核心企业对联盟结构安排的能力。联盟组织结构是指各节点之间在形成联盟组织过程中基于信任等而建立起来的稳定的合作关系。这种关系是保证联盟顺利运作，并实现其功能的基础。企业之间复杂的非线性协同关系，因此联盟结构设计的目的就是减少组织结构的不稳定性，所以在联盟组织结构设计能力方面要特别注重其动态性，应该建立动态的组织构架。[143]此外，在联盟组织结构设计中，需要结合各节点的核心专长、节点的数量以及外部环境进行构造，使节点之间形成良性的运作机制，增强学习能力，促进知识的整合流动，进而实现更多的创新，最终提升联盟的竞争优势，增强联盟的吸引力和生命力。③演化预测能力，是核心企业对联盟演化趋势的预测能力。核心企业掌握联盟内外大量的相关信息，经过对信息的搜集、处理和分析，能够判断产业和技术等发展态势，预测联盟结构和范围的演化方向，预见未来联盟环境以及联盟本身的发展态势，并据此进行优化调整。一般而言，核心企业对联盟的演化预测能力越强，联盟越有能力预知环境变动趋势以及联盟风险因素，从而保持良好的发展态势和赢利能力。

二 网络构建能力

网络构建能力侧重操作层面，是核心企业依据联盟发展规划，搜索、评价、选择合适的合作伙伴，并与之建立直接联盟关系的能力。构建联盟要选择、评估潜在的合作伙伴，发展战略关系网络，确定网络间关系强弱等问题，同时还要兼顾联盟成员的多样性，创建有利于企业发展的联盟关系。[144]

网络规划能力使企业明确自己在联盟中的诉求，而网络构建能力则是搜索、评价以及选择能够满足核心企业这些诉求的合作伙伴的过程。对于网络构建能力，本书认为可以从两个维度理解。①网络识别能力，是核心企业对联盟合作最优对象搜寻与评价的能力。核心企业对联盟合作伙伴的选择和评估要关注两个方面，一是潜在合作企业的核心专长；二是潜在合作企业的自我管理水平。一般而言，核心企业对潜在合作伙伴核心专长的判断，最重要的一点在于评估潜在合作伙伴在促成联盟目标实现方面的相关能力，潜在合作企业必须具备可以与联盟内的其他企业互补的核心能力，有助于增强联盟吸引力，帮助联盟快速有效地实现目标；合作伙伴管理能力的考察评估是为了确保合作伙伴在加入联盟后，有很强的适应能力和协调能力，能够快速与联盟内企业建立信任关系，保证联盟活动的顺利开展，从而降低交易成本，提高联盟效率。②网络开发能力，是核心企业与潜在合作伙伴确立网络关系，开发合作模式的能力。联盟网络关系并不是自发产生的，而是合作双方专有性投入的结果，因此要求核心企业凭借自身经验，积极接触拥有关系资源的潜在合作伙伴，并与其建立能够满足双方意愿、互惠互利的合作模式。

三 网络管理能力

网络管理能力侧重操作层次，是核心企业获取联盟优势、协调控制联盟的能力。[145]核心企业与合作伙伴进行动态互动，借助一系列的管理杠杆撬动合作伙伴的资源和优势，了解更多的信息和技术的变化，引导联盟向有利的方向发展，使联盟内企业都能获得互补性知识，实现联盟内各合作主体的共赢，进而提升核心企业和联盟的声誉。

网络构建能力侧重关系的开发和搭建，而网络管理能力关注关系的协调管理，本书认为核心企业的网络管理能力体现在四个方面。①网络交流能力，是核心企业构建合作沟通机制、搭建沟通平台的能力。核心企业通过构建联盟的信息沟通机制，搭建沟通平台，使联盟内部信息保持最大程度的开放和流通，有利于联盟企业之间更好地进行信息交流和学习，互补互进。②网络整合能力，是核心企业对网络资源与关系的调动利用能力。联盟是一个由多主体组成的相对松散的组织，联盟中多重复杂的关系需要有效地整合，打破目标实现过程中的障碍，使联盟整体资源达到最大程度的协同发挥。③网络优化能力，是核心企业对联盟内网络关系优化改进的能力。这是一种动态的能力，主要体现在开拓性以及网络关系与环境匹配的动态性上,开拓性促进联盟创造新的网络能力,为企业的竞争优势提供长期基础。关系的优化使网络关系适应动态变化的外部环境,以建立持续发展的竞争力。④网络控制能力,是核心企业对联盟合作过程及结果掌握控制的能力。企业在制定与实施网络战略的过程中会面临各种突发性、偶然性的事件。因此,核心企业需要根据关系网络的实际情况,以及联盟战略主旨进行具体控制与处理,确保联盟内部企业的行为不偏离联盟战略,并保持联盟、战略、企业行为之间的动态平衡,确保联盟及联盟内部企业在市场中保有竞争优势。

四 网络变革能力

网络管理能力侧重战略层次,是核心企业带领联盟整体响应外部变化,实现变革与创新的能力。[146]一般而言,联盟的演化由产生集聚效应的向心力和产生扩散效应的离心力共同作用决定,当向心力大于离心力时,联盟呈现相对稳定发展的状态;而当向心力小于离心力时,联盟呈现衰退势头,这时核心企业的网络变革能力对联盟发展将起到决定性作用。[147]核心企业网络变革能力较强时,可以应对联盟外部环境变动,引导联盟中其他企业共同创造新的向心力,反之,企业联盟则可能走向衰退,甚至解体。

本书认为核心企业的网络变革能力体现在两个方面。①网络学习能力,是对联盟网络内知识、技术的获取和吸收,对合作经验的交流和利用等方面的能力,网络学习本身也是个复杂的过程,包括联盟合作初期企业相互之间适应性学习,联盟网络中企业通过知识和技术的共享碰撞的创造性学习,以及在对已有系统的再审视基础上的再学习。②网络重构能力,是响应环境变化调整联盟网络的能力,是核心企业面对外部环境变化,对联盟网络进行优化和二次资源整合的能力,是网络组织再生的直接动力。联盟网络所处的经营环境在不断地变化，因此，联盟网络会面临技术、市场甚至政策环境等很多不稳定的因素，这都会导致联盟网络中已有的合作关系破裂，需要重塑联盟合作关系。

第二节　核心企业的网络能力测度及量表

一　量表设计过程

一般而言，量表的设计包括三大步骤：题项构建、专家审核以及量表预测。因此，本书在设计联盟核心企业网络能力测度量表时，主要有以下步骤。

第一，文献学习。归纳总结相关研究，找到有益结论，并根据本书研究问题的特殊性，发现问题，修正问卷，得到问卷大纲。

第二，学术讨论。在学术讨论会上，组织多名专家和相关研究领域的博士研究生对问卷条目进行详细讨论，保证量表有关内容翻译的准确性，以及中文表达的清晰无误。

第三，企业访谈。根据研究对象的要求，选择了5家企业进行小规模的访谈，确认问卷是否存在歧义等问题，并邀请企业相关人员根据实践经验对问卷进行补充、修改。访谈为企业网络能力的维度划分提供了实践依据，使问卷在理论完备的基础上，增强了实践操作性。

第四，量表编制。在文献研究和企业访谈的基础上，本书编制了初步的问卷量表，该量表采用李斯特7点测度。

第五，量表确认。为了使量表测度更为准确，本书在大规模正式问卷调查之前，先组织了较小规模的预调研，并根据预调研结果对问卷进行了修正，得到最终问卷。

二 变量测量及问卷设计

基于第三章第一节对联盟核心企业网络能力的分析，结合已有研究成果，本书提出了核心企业网络能力的初始测度量表，并接受来自清华大学、北京航空航天大学、北京邮电大学以及北京师范大学等学校的五位专家的建议，对初始量表进行了修改和完善。此后，本书访谈了 11 位企业高管人员，结合理论学者以及企业高管建议，进一步修订问卷，得到最终的联盟核心企业网络能力测度量表，如表 3 - 1 所示。[39,107,148~153]

表 3 - 1　联盟核心企业网络能力测度量表

能力名称	题项内容	来源
网络规划能力	核心企业能够塑造联盟网络愿景与目标	Moller & Halinen (1999)
	核心企业对企业联盟网络结构有总体的设计	
	核心企业能够预测联盟网络演化趋势	
网络构建能力	核心企业能够有效寻找识别联盟网络合作伙伴	Ritter et al. (2002) Gilsing & Nooteboom (2005)
	核心企业通常主动与潜在合作伙伴建立合作关系	
	核心企业善于借助合作获得更多新的合作伙伴	
网络管理能力	核心企业与网络成员建立了共同的沟通模式	Hansen (1999) Ritter et al. (2002) Cummings & Teng (2003) Reagans & McEvily (2003) Levin & Cross (2004) Gilsing & Nooteboom (2005)
	核心企业与网络成员建立了很好的信任机制	
	核心企业与网络成员建立了很好的争端解决机制	
	核心企业善于有效整合网络合作伙伴的技术或其他资源	
	核心企业经常交流、探讨如何在多元合作关系中产生协同效应	
	核心企业在网络关系协调中，能充分考虑各个合作伙伴间潜在的依存关系	
	核心企业能根据经验不断改进和完善网络中的合作流程	
	核心企业根据经验持续性地深化和改善与合作伙伴的关系	
	核心企业经常评估与伙伴合作的实际效果	
	核心企业能对合作企业实施广泛的影响	

续表

能力名称	题项内容	来源
网络变革能力	核心企业经常组织网络内部交流合作的经验和知识	Reagans & McEvily (2003) 徐金发等(2007)
	核心企业善于利用现有的知识、技术，提出新的知识和技术	
	核心企业能够定期回顾合作过程中的失误，避免发生类似错误	
	联盟网络内已经形成了建立和解除合作关系的方式或程序	
	核心企业能与合作伙伴一起做出调整来应对环境变化	

第三节 研究方法概述

本书运用问卷调查法收集数据，借助描述性统计分析对调研样本数据分布情况进行描绘，运用一致性系数 Cronbach's alpha 检验内部一致性信度，运用探索性因子分析和验证性因子分析检验指标体系和问卷的效度，最后利用方差分析检验联盟生命周期对核心企业网络能力各维度的显著性影响。本书采用 SPSS19.0 和 AMOS17.0 软件开展统计分析。

（一）描述性统计分析

本书描述性统计分析的内容包括：①频率分析，包括调研样本企业所在地、所在行业、成立时间、从业人数、企业性质、2012年度年销售收入、企业发展阶段、长期稳定合作伙伴数量等基本信息并展开统计；②描述性统计分析，主要包括计算各变量的平均值、标准差。

（二）信度分析

该部分主要是为了检验量表在采用同样的方法多次测量同一对象时，所得结果的一致性。信度分析通常采用内部一致性进行验证，采用 Cronbach's alpha 系数检验量表信度，计算表达式如下：

$$\alpha = \frac{k}{k-1}(1 - \frac{\sum S_i^2}{Sx^2})$$

其中，S_i 为第 i 问项答案的方差，Sx 为所有问题答案的方差，k 为问卷数，Cronbach's alpha 系数大于 0.7 为高信度，低于 0.35 为低信度，0.5 为最低可以接受的信度。

（三）效度分析

效度验证量表反映研究事物真实程度，它考察的是工具方法准确测量变量的程度。通常包括内容效度和建构效度两种。其中，内容效度体现的是量表所涵盖的内容范围的适当程度，通常采用专家判断法对其进行检验，组织领域内专家对题项选择的代表性、题项表述的恰当性进行判断。本书编制的量表是在已有文献的基础上，结合专家评判和企业访谈修订而成，因此内容效度较高。建构效度主要是用来检验量表可以真正测度出理论构念的程度，本书通过探索性因子分析和验证性因子分析检验量表的建构效度。

（四）方差分析

方差分析又称"变异数分析"或"F 检验"，是用来分别探讨各观察变量是否因为控制变量的不同而产生差异。方差分析的主要统计方法是单因子方差分析，以判断控制变量对观察变量的显著影响。

（五）结构方程建模

结构方程模型（SEM）是一种多元统计建模分析方法，因相对于传统的建模方法存在诸多优势而被广泛使用。SEM 可以同时处理多因变量关系模型、对变量误差的容忍度较低、容许测量模型的相对弹性，并能够对整体拟合程度予以评估。本文将借助结构方程模型，利用 AMOS17.0 软件进行验证性因子分析和路径分析。在结构方程模型拟合度评估方面，通常采用的评价指标及评价标准如表3-2所示。其中，绝对拟合度指标选择卡方自由度比（χ^2/df）、适配度指数（GFI）、残差均方平方和（$RMSEA$）；简约拟合度选择调整后的规准适配指数（$PNFI$）、简约适配指数（$PGFI$）；增值拟合度选择正态适配指数（NFI）、非正态适配指数（$NNFI$）、比较适配指数（CFI）。

表3-2 整体模型拟合度的评价标准

指标	绝对拟合度			简约拟合度		增值拟合度		
	χ^2/df	GFI	$RMSEA$	$PNFI$	$PGFI$	NFI	$NNFI$	CFI
评价标准	<3	>0.90	<0.08	>0.5	>0.5	>0.90	>0.90	>0.90

第四节 统计分析及结果

一 数据收集

为保证调研数据的真实可靠，本书从问卷作答企业、调研地区以及调研渠道等方面采取措施。

本书的研究对象是联盟核心企业。对于现代企业而言，企业间的联系越发紧密，没有一个企业是可以孤立存在的，都或多或少地交织在一个或几个联盟中，尽管这些企业间可能没有明确的结盟协议，但是本书将那些存在长期稳定合作关系的企业群组成的网络认定为联盟。在界定了联盟范畴之后，为更加精准地锁定联盟核心企业这一研究对象，本书在量表中增加了一项关于企业在联盟中地位的题项，对不符合要求的问卷进行了剔除，最后保留了完全吻合研究对象要求的数据进行分析。

本书的问卷发放主要借助以下四种渠道。首先，导师协助是本书问卷发放的主要渠道。作者的导师是全国知名的金牌讲师，在企业界拥有较高的影响力，他协助在高管培训班课堂现场发放问卷、组织作答并回收。这样，一方面问卷的作答者都是企业高层管理者，他们对企业网络能力有较为深刻的把握，另一方面通过现场发放作答的形式，可以保证问卷作答人认真填写。其次，作者所在课题组正在进行以本书主题为内容的中航工业集团项目研究，可以快速有效地得到中航系统内企业的相关数据。再次，借助亲朋好友发放问卷或获得调研企业的联系方式，以电子邮件的形式沟通发放。最后，借助网络平台通过与学术、企业论坛合作的方式发放问卷。

最终，本书发放纸质问卷、电子邮件问卷共计539份，回收386份，有效问卷（包括问卷作答的有效性和研究对象的吻合性）259份，通过网络平台收到问卷231份，其中有效问卷127份，共计回收有效问卷386份。

二 描述性统计分析

本书收集的386份有效问卷分别来自于386家样本企业，这些企业分布于经济发展较迅速、合作交流与开发进程较快的地区，其中上海（51家）、山东（46家）、广州（35家）、杭州（34家）、内蒙古（29）、深圳（28家）、南京（27家）、宁波（26家）、东莞（15家）、温州（19家）、珠海（13家）、中山（12家）、新疆（9家）、佛山（7家），剩下的样本来自其他6个城市（样本量小于等于5）的35家企业。被调查企业基本信息如表3-3所示。

表3-3 被调研企业基本信息

统计项目	统计特征	样本数（家）	比例（%）
成立时间	5年以下	101	26.17
	5~10年	161	41.71
	10~20年	79	20.47
	20年及以上	45	11.66

续表

统计项目	统计特征	样本数(家)	比例(%)
从业人数	100 人以下	41	10.62
	100~300 人	35	9.07
	300~500 人	87	22.54
	500~1000 人	59	15.28
	1000~3000 人	66	17.10
	3000 人及以上	98	25.39
单位性质	国有独资企业	42	10.88
	三资企业	85	22.02
	民营企业	114	29.53
	国有控股企业	110	28.50
	其他	35	9.07
所在行业	传统制造	82	21.24
	高新技术产业	73	18.91
	商贸	49	12.69
	服务	35	9.07
	科技	49	12.69
	金融	48	12.44
	地产	29	7.51
	其他	21	5.44
2012 年销售额	1000 万以下	14	3.63
	1000 万~5000 万	45	11.66
	5000 万~1 亿	73	18.92
	1 亿~5 亿	114	29.53
	5 亿~10 亿	102	26.42
	10 亿及以上	38	9.84
企业发展阶段	创业阶段	35	9.07
	发展阶段	157	40.67
	成熟阶段	139	36.01
	衰退阶段	55	14.25
长期合作伙伴数	0~5 家	13	3.37
	6~10 家	56	14.51
	11~15 家	127	32.90
	16~20 家	115	29.79
	20 家以上	75	19.43

为对问卷样本中各变量测度情况即联盟中核心企业网络能力各维度的总体情况有概括性的了解,本书对被调查企业进行了描述性统计分析,具体情况如表3-4所示。

表3-4 被调查企业描述性统计分析

影响因素	测量题项(简写)	均值	标准差
D1 网络规划能力	V1	4.97	1.408
	V2	4.78	1.478
	V3	4.67	1.338
D2 网络构建能力	V4	4.99	1.440
	V5	5.07	1.384
	V6	5.16	1.315
D3 网络管理能力	V7	4.94	1.399
	V8	4.93	1.302
	V9	4.50	1.329
	V10	4.65	1.303
	V11	4.60	1.325
	V12	4.73	1.359
	V13	4.83	1.351
	V14	4.94	1.290
	V15	4.73	1.343
	V16	4.94	1.360
D4 网络变革能力	V17	4.75	1.499
	V18	4.84	1.377
	V19	4.75	1.177
	V20	4.87	1.353
	V21	4.92	1.251

三 信度分析

代表了核心企业网络能力的信度分析包括基于联盟生命周期的核心企业网络能力、网络能力的四个维度以及测度量表的 Cronbach's alpha 系数，见表 3-5。

从表 3-5 可以看到，核心企业网络能力各维度以及量度量表的各个题项的校正项总计相关性的相关系数都大于 0.5，Cronbach's alpha 系数值都大于 0.7，均在可接受范围内。这表示核心企业网络能力以及各维度的研究数据具有很好的可信度和稳定度，可开展后续研究分析。

表 3-5 核心企业网络能力信度分析

网络能力维度		校正项总计相关性	项已删除的 Cronbach's alpha 系数值	Cronbach's alpha 系数值
核心企业网络能力				0.848
网络规划能力	V1	0.678	0.768	0.827
	V2	0.731	0.714	
	V3	0.649	0.796	
网络构建能力	V4	0.633	0.746	0.802
	V5	0.654	0.722	
	V6	0.657	0.721	
网络管理能力	V7	0.628	0.914	0.918
	V8	0.690	0.910	
	V9	0.665	0.912	
	V10	0.694	0.910	
	V11	0.675	0.911	
	V12	0.747	0.907	
	V13	0.769	0.906	
	V14	0.760	0.906	
	V15	0.680	0.911	
	V16	0.638	0.913	

续表

网络能力维度		校正项总计相关性	项已删除的Cronbach's alpha系数值	Cronbach's alpha系数值
网络变革能力	V17	0.647	0.823	0.849
	V18	0.613	0.830	
	V19	0.684	0.814	
	V20	0.676	0.813	
	V21	0.693	0.810	

四 探索性因子分析

本节对研究量表进行探索性因子分析，数据来源是对调研数据进行随机编码后，抽取的一部分数据（序号为奇数的数据），共193份，另一部分调研数据用于验证性因子分析。在进行探索性因子分析之前，需要对联盟核心企业网络能力各维度的 *KMO* 值和巴特莱特球体检验进行测度，判断是否适合做探索性因子分析，检验结果如表3-6所示。

表3-6 联盟核心企业网络能力 KMO 值和巴特莱特球体检验结果

评价指标	联盟核心企业网络能力
KMO	0.923
巴特莱特球体检验	2398.846
df	210
Sig.	0.0000

一般而言，若 *KMO* 值低于0.5，则不宜进行因子分析，而本书 *KMO* 值为0.923，巴特莱特球体检验值为2398.846，显著性为0.0000，表示代表母群体的相关矩阵间有共同因子存在，适合进行探索性因子分析。

本书利用主成分分析提取因子，采用方程最大化正交旋转对网络能力的 21 个题项进行分析,最终提取出 4 个特征根大于 1 的因子。被提取的 4 个因子共解释了总体方差的 76.811% 的变异,说明题项已经包含了测量变量的大部分信息,量表具有较好的收敛效度和区分效度。联盟核心企业网络能力旋转因子矩阵如表 3-7 所示,网络能力的总方差解释如表 3-8 所示。

表 3-7 联盟核心企业网络能力旋转因子矩阵

变量	题项	因子 1	因子 2	因子 3	因子 4
网络规划能力	V1		0.884		
	V2		0.842		
	V3		0.829		
网络构建能力	V4				0.707
	V5				0.823
	V6				0.849
网络管理能力	V7	0.673			
	V8	0.786			
	V9	0.781			
	V10	0.812			
	V11	0.894			
	V12	0.742			
	V13	0.855			
	V14	0.818			
	V15	0.751			
	V16	0.831			
网络变革能力	V17			0.703	
	V18			0.825	
	V19			0.833	
	V20			0.716	
	V21			0.781	

表 3-8　网络能力的总方差解释

因子	初始特征值			旋转后负荷平方和		
	特征值	解释变异（%）	累计解释变异（%）	特征值	解释变异（%）	累计解释变异（%）
1	5.332	39.199	39.199	3.996	21.031	21.031
2	3.707	18.128	57.327	3.972	20.916	41.947
3	3.075	10.118	67.445	3.533	18.824	60.771
4	1.917	9.366	76.811	2.529	16.041	76.812

五　验证性因子分析

本节验证性因子分析的数据是对全部调研数据进行随机编码后，抽取的一部分数据（序号为偶数的数据），共 193 份。运用 AMOS17.0 软件对联盟核心企业网络能力量表进行验证分析，测量模型的主要拟合系数见表 3-9。

表 3-9　联盟核心企业网络能力的拟合系数

拟合指标	χ^2	df	χ^2/df	RMSEA	GFI	NFI	CFI
具体数值	159.136	142	1.121	0.026	0.925	0.937	0.993

注：χ^2——卡方，df——自由度，χ^2/df——卡方自由度比，RMSEA——残差均方平方和，GFI——适配度指数，NFI——正态适配指数，CFI——比较适配指数。

从表 3-9 可以看出联盟网络核心企业网络能力测量模型的拟合效果，其中 $\chi^2=159.136$，$df=142$，$\chi^2/df=1.121$，小于一般认定的临界值 3，满足模型拟合的简约要求；RMSEA 值为 0.026，低于 0.08 的临界要求；GFI 值为 0.925，NFI 值为 0.937，CFI 值为 0.993，均大于 0.9 的最低水平。因此，模型的拟合指数满足验证性检验的要求，表明本书构建的网络能力模型拟合良好。图 3-1 为联盟网络核心企业网络能力验证性因子分析结果，从图中可以看出，网络能力各维度以及测量题项的标准化路径系数均大于 0.5，进一步印证了模型拟合的效果。综上所述，本书构建的核心企业网络能力要素体系的测量模型拟合良好，模型有效。

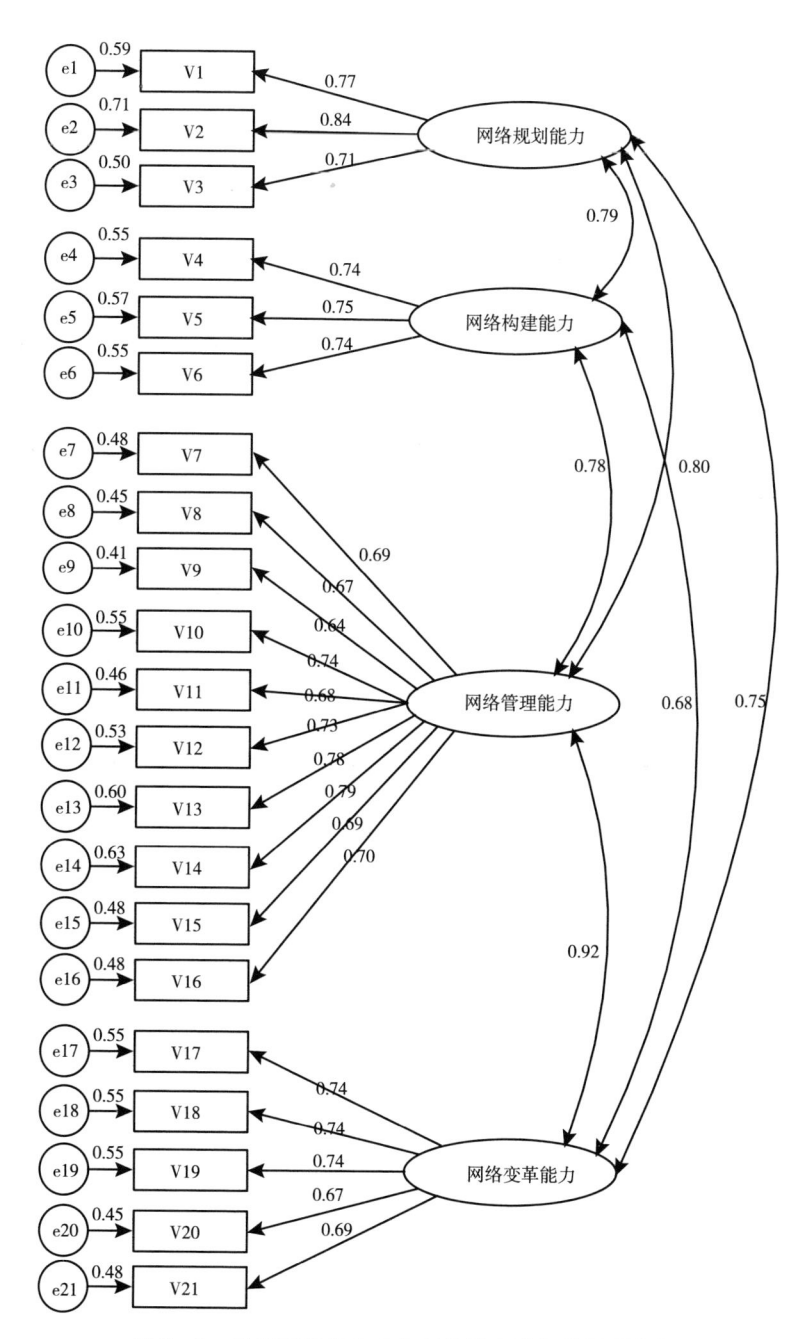

图 3-1　联盟网络核心企业网络能力验证性因子分析

六 方差分析

联盟生命周期不同阶段核心企业网络能力各维度的差异分析是本书以联盟生命周期为视角,动态分析核心企业网络能力的基础,对基于联盟生命周期的网络能力动态评价以及提升策略的研究具有重大意义。因此,本节将采用单因素方差分析的方法探索联盟生命周期对核心企业网络能力四个维度的影响是否存在差异。

本书将联盟生命周期分为结网期、发展期、稳定期以及变革期四个阶段,探讨其对核心企业网络能力四个维度的影响差异。其单因素方差分析结果如表3-10所示,其中,Levene检验结果显示,伴随概率显著性指标值都大于0.05,即认为联盟发展不同阶段的四组数据方差相当,具备方差齐次性。在单因素方差分析结果中,伴随概率显著指标值都小于0.05,表示联盟生命周期对核心企业网络能力的四个维度有显著影响。

表3-10 联盟生命周期对核心企业网络能力各维度的单因素方差分析

测度变量	差异源	单因素方差分析					方差齐次性检验（Levene检验）	
		平方和	df	均方	F值	Sig.	F值	Sig.
网络规划能力	组间	6.649	3	3.965	3.817	0.018	3.269	0.085
	组内	356.716	386	0.991				
	总计	363.365	389					
网络构建能力	组间	5.318	3	3.221	3.369	0.022	2.281	0.219
	组内	354.429	386	0.986				
	总计	359.747	389					
网络管理能力	组间	3.684	3	2.567	4.328	0.006	1.622	0.173
	组内	370.364	386	0.985				
	总计	374.048	389					
网络变革能力	组间	8.369	3	4.121	2.983	0.036	2.574	0.144
	组内	366.131	386	0.993				
	总计	374.500	389					

联盟生命周期对核心企业网络能力的四个维度有显著影响，需要进一步分析在不同发展阶段能力维度上的差异。由于样本数据满足方差齐次性，本书采用最小显著差数法（LSD 法）进行多重比较方差分析，分析结果如表 3-11 所示。将联盟四个阶段分别用 A、B、C、D 表示，通过表 3-11 的数据不难发现，网络规划能力 A 与 B、C、D，C 与 D 显著性指标小于 0.05，有显著性组间差异；网络构建能力 A 与 B、D，B 与 C、D 显著性指标小于 0.05，有显著性组间差异；网络管理能力 A 与 B、C，B 与 C、D，C 与 D 显著性指标小于 0.05，有显著性组间差异；网络变革能力 A 与 B、D，B 与 D，C 与 D 显著性指标小于 0.05，有显著性组间差异。

表 3-11　联盟生命周期对核心企业网络能力各维度的多重比较方差分析

因变量	比较组	被比较组	平均数差距	标准误	Sig.
网络规划能力	结网期 A	发展期 B	0.31260	0.06386	0.025
		稳定期 C	0.39911	0.08252	0.018
		变革期 D	0.27228	0.13595	0.033
	发展期 B	稳定期 C	0.19578	0.08779	0.059
		变革期 D	-0.15571	0.13595	0.062
	稳定期 C	变革期 D	-0.25742	0.14898	0.037
网络构建能力	结网期 A	发展期 B	-0.24228	0.82471	0.018
		稳定期 C	0.11664	0.63781	0.069
		变革期 D	0.23487	0.13998	0.026
	发展期 B	稳定期 C	0.31697	0.14847	0.037
		变革期 D	0.40026	0.06321	0.018
	稳定期 C	变革期 D	0.19174	0.08683	0.059
网络管理能力	结网期 A	发展期 B	-0.30157	0.13455	0.021
		稳定期 C	-0.49287	0.06497	0.009
		变革期 D	-0.00217	0.09191	0.139
	发展期 B	稳定期 C	-0.02345	0.12096	0.032
		变革期 D	0.19873	0.13861	0.035
	稳定期 C	变革期 D	0.31254	0.11147	0.018

续表

因变量	比较组	被比较组	平均数差距	标准误	Sig.
网络变革能力	结网期 A	发展期 B	0.19867	0.09195	0.049
		稳定期 C	0.15437	0.12647	0.051
		变革期 D	-0.20307	0.07746	0.017
	发展期 B	稳定期 C	-0.00541	0.06512	0.211
		变革期 D	-0.31367	0.11354	0.047
	稳定期 C	变革期 D	-0.26742	0.12697	0.016

第四章 基于联盟生命周期的核心企业网络能力测评模型

在明确了联盟核心企业网络能力的结构维度之后,接下来需要解决的一个核心问题就是"如何借助这些指标科学地衡量一个目标核心企业的网络能力",该问题也是本章研究的主题。回顾已有文献,网络能力的计量一般采用"先赋权后集成"的静态处理思路。然而,本书强调的是网络能力评价与联盟生命周期的动态匹配。根据第三章的验证性因子分析和方差分析的结果,"核心企业网络能力的结构维度具有稳定性,并不随着联盟生命周期的变迁而改变,但在联盟不同发展阶段,核心企业网络能力不同指标和维度的侧重点有所差异"。因此,要实现对核心企业网络能力的准确计量,一方面要对核心企业所处联盟网络的发展阶段进行定位;另一方面要明确不同发展阶段中网络能力指标的相对重要程度。最后,借助适当的算子,将网络能力指标值与指标权重集成形成综合评价值。

第一节 联盟核心企业的网络能力动态评价的整体思路

为使研究具有清晰的脉络的基础之上,本书提出联盟核心企业网络能力评价体系的基本流程,如图4-1所示。

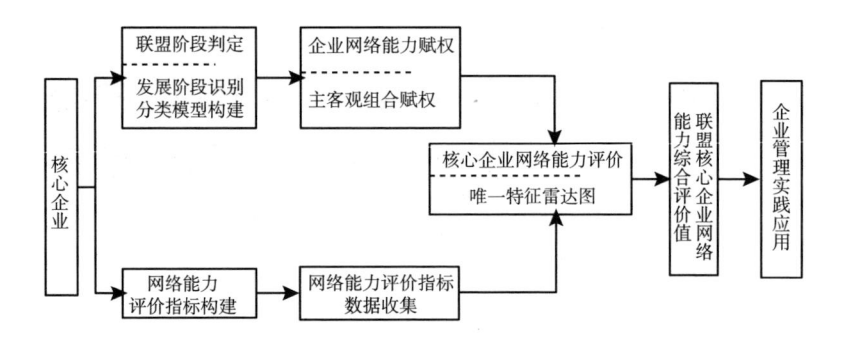

图 4-1　联盟核心企业网络能力评价体系的基本流程

Step1：联盟发展阶段的识别。核心企业在联盟不同发展阶段网络能力结构的侧重点有所不同，因此，要实现对核心企业网络能力的准确评价，识别其所在联盟发展阶段是基础。联盟网络发展阶段识别涉及两个关键点：一是阶段典型特征指标的提取；二是发展阶段识别模型的确定。对于第一个问题，本书在综合已有研究的基础上，确定了一个包括核心企业特征、联盟网络特征、联盟技术特征、联盟外部特征、联盟发展特征等 5 个一级指标、12 个二级指标的关键要素体系。对于第二个问题，本书设计了基于熵权-支持向量机的联盟生命周期划分模型。

Step2：确定核心企业网络能力在联盟不同发展阶段的指标权重矩阵。以第三章构建的联盟核心企业网络能力评价指标体系为基础，采用主客观组合赋权的方法，确定不同联盟发展阶段，以及核心企业网络能力不同维度和指标的相对重要程度。其中，主观权重基于层次分析法（AHP）来确定，而客观权重基于因子载荷法确定。

Step3：基于改进的雷达图加权集成算子。通过改进的雷达图加权算子集成上面两步的结果信息，进而确定某个联盟核心企业的网络能力的水平。

第二节 联盟发展阶段识别的关键要素

回顾已有文献,企业网络类组织发展阶段识别的研究主要集中在产业集群层次,联盟层次的研究相对较少。但是,由于集群和联盟都属于企业网络组织,只是表现形式不同,所以,识别集群发展阶段的研究成果对企业联盟相关问题的研究具有借鉴意义。

具体而言,早期识别集群发展阶段的研究多采用单一指标,如集群内厂商数量、集群内就业人数、专利数量以及销售量等代表发展规模的指标。[154~155] 随着研究的深入,学者们发现除了规模性指标之外,还有一些其他要素对发展阶段有显著的识别效果,并逐渐将这些要素作为判定的关键变量。例如,曾咏梅采用集群规模、集群效益、集群文化、技术创新水平以及外部合作等多维指标识别集群发展阶段;[156] 陆国庆在研究中指出发展阶段的识别应兼顾企业个体行为层面的组织战略、结构、风险、竞争行为等因素和集群层面企业的进入退出、创新以及产量等因素;[157] 张米尔在产业集群研究中指出演进趋势、竞争力以及资源约束三个指标可以刻画集群发展阶段;戴艳红则认为集群发展阶段可以从规模、创新、利润率、集中度以及发展前景五个方面进行识别;段丽丽关于物流产业集群的研究采用企业数量、税收以及从业人数三个指标识别集群的发展阶段。[158]

此外,也有部分学者对识别联盟的生命周期进行了专门研究。例如,万君、顾新在知识联盟的研究中指出可以从联盟规模、创新基础、联盟机制、创新氛围、资源流动性、合作效率以及成果产出几个方面判定联盟发展阶段;[159] 王宗建等学者提出可以从联盟的市场力量、关键资源以及联盟合作效率三个方面判定战略联盟的发展阶段。[160]

针对已有研究成果形成的联盟发展阶段识别指标库,本书结合企业联盟的自身特点以及前文对联盟生命周期不同发展阶段的特征分析,并兼顾数据收集的便利性等因素,确立了联盟发展阶段识别指标的选取原则：①识别指标具有科学性。指标要能够反映客观事实，没有重复和矛盾，可以进行量化。由于本书在已有研究的基础上进行归纳提炼，因此可以最大程度地保证识别指标的科学性。②识别指标少而精。指标体系不但要涵盖不同发展阶段的典型差异要素，而且要最大程度地集约精简，兼顾指标识别的效率和效果。③识别指标设置有层次性。不但要考虑企业个体、联盟网络的特征要素，而且要考虑企业个体与网络、联盟网络与外界环境的互动。④识别指标的数据收集可行性。联盟生命周期发展阶段的典型特征指标更多地是联盟网络整体性、战略性的数据，这些数据只掌握在联盟和合作企业的极少数高层领导人手里，为数据获取造成了一定的困难。所以在指标选取时，需要对指标的有效性和可获得性进行权衡。⑤识别指标在不同联盟之间的可比性。本书在研究联盟发展阶段的判定问题时，由于不同联盟的行业、资产类型不同，因此很多特征的成熟度判定数量级存在显著差异，这对指标间的可比性造成了一定的影响。

通过对已有指标的筛选和归纳，以及对现有指标的发展和丰富，本书构建了一套包括 5 个一级指标、12 个二级指标的联盟发展阶段识别判定指标体系（见图 4-2）。[161~162] 其中，一级指标包括核心企业特征、联盟技术特征、联盟网络特征、联盟外部特征、联盟发展特征五个测量维度。

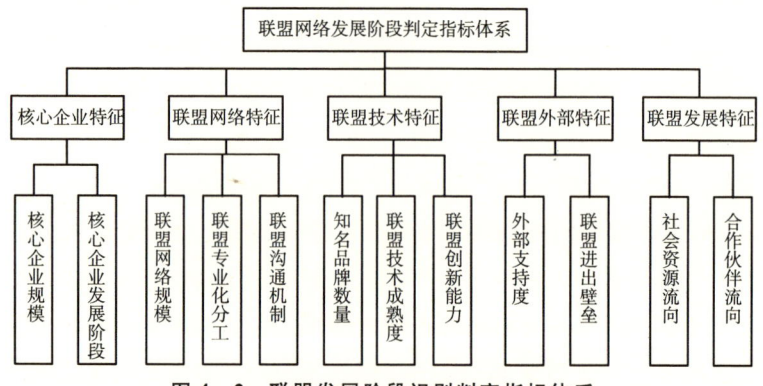

图 4-2 联盟发展阶段识别判定指标体系

（1）核心企业特征。该变量关注联盟网络内部核心企业的状态特征，这些特征是与联盟网络发展阶段密切相关的，在这里我们选择核心企业规模、核心企业发展阶段作为两个主要指标。

（2）联盟网络特征。联盟网络特征中很多变量是反应联盟发展阶段的，本书选取了联盟网络规模、联盟专业化分工、联盟沟通机制三个指标。

（3）联盟技术特征。联盟内部企业的技术和产品的成熟度与联盟发展阶段是密切相关的，通常结网期的技术和产品的成熟度相对较低，但随着联盟发展，企业间的技术交流增多，产品成熟度以及协同创新能力都会相应提高。所以，本书使用联盟技术成熟度、知名品牌数量以及联盟创新能力三个指标度量联盟技术特征。

（4）联盟外部特征。联盟外部特征这一变量强调的是联盟网络与联盟外互动的状态，本书选取外部支持度和联盟进出壁垒两个指标测度。其中，外部支持度主要指的是联盟外部市场、政府、制度环境对联盟发展的影响，联盟进出壁垒主要测度联盟网络对外部企业开放程度。

（5）联盟发展特征。联盟发展特征这一变量主要测度与联盟网络的发展趋势，这也是判定联盟发展阶段非常重要的影响因素。本书设定了社会资源流向和合作伙伴流向两个指标进行测度。

其中，核心企业特征侧重于对联盟网络中核心企业个体状况的测度，其他四个变量是对联盟网络的测度；联盟发展特征是对联盟网络动态趋势的测度变量，其他四个变量是静态测度变量。

在指标体系的基础上，本书形成了联盟发展阶段测量量表，将该量表与核心企业网络能力测量量表加以整合形成了"企业网络生命周期及网络能力调查问卷"（附录1），整合后的量表可以同时收集发展阶段判定与能力测量两方面的数据。

第三节　联盟发展阶段的识别模型

一　联盟发展阶段识别的研究现状

关于企业联盟网络发展阶段识别判定的研究，目前多以定性研究为主，通过分析生命周期不同阶段的典型特征，按照经验判定联盟所处的发展阶段，例如，鲁开垠（2006）、唐凯江（2008）、孙剑（2010）等学者通过设置若干指标，定性判定企业网络发展周期。[163~165]也有部分研究从定量角度进行阶段判定，主要采用的方法包括指标变化规律分析法、移动平均法、Logistic 回归模型分析、层次分析法（AHP）、模糊的综合评价法、神经网络等。[166~168]这些方法在对企业联盟网络的生命周期进行判定时都存在一定的问题，会影响判定的准确性。指标变化规律分析法多适用于单指标进行判定的情况，因为当指标数量增多时，不同指标间变化规律的权衡取舍变得复杂，尤其是不同指标变化规律出现矛盾时，人为权衡难免会降低模型的说服力；移动平均法多适合基于时间序列的即期预测，通常需要记录大量的过去数据，而大量企业联盟数据获取的难度较高，降低了该方法的可操作性；Logistic 回归模型适合对分类变量进行分析，但是本书涉及的是多分类问题，Logistic 回归模型直接多分类计算精确度不高，若转换为若干个二分类模型，处理过程相对复杂，更重要的是该模型的使用必须满足苛刻的假设条件，当条件无法完全满足时，结果的精确度也将大打折扣；层次分析法（AHP）和模糊综合评价法都涉及专家打分环节，很难克服指标权重设置中的主观问题，加大了误判的可能性；神经网络评价虽然具有人工智能的特性，但是不能量化解释指标的重要程度，并缺少参数解释，此外，神经网络算法采用的是经验风险最小化的原则，容易陷入局部极小点，收敛速度慢，而且容易出现过学习现象,这些问题都限制了它在企业联盟发展阶段判定中的应用。

二 基于熵权–支持向量机(Entropy–SVM)的联盟生命周期判别模型

机器学习作为人工智能的一个研究分支,是解决模式识别问题的一类重要方法,其基本原理是通过估计和挖掘给定训练样本输入输出之间的影响关系,构建计算和认识模型,并对未知输出做出预测,如最小二乘法、极大似然法、早期的神经网络学习方法等都属于早期的机器学习方法。随着研究深入,Cortes 和 Vapnik 在统计学习理论的 VC 维理论和结构风险最小原理的基础上提出了支持向量机(Support Vector Machine,SVM)的方法。[169]相比其他方法,SVM 在应对有限的样本信息、提升模型的学习精确度和推广能力方面都有很大进步,具体表现在四个方面:①降低了对训练样本规模的要求,对小样本情况有较高的识别度;②将模式识别转化成为一个二次型寻优问题,解决了 BP 神经网络方法中局部最优解的缺点;③用核函数代替欧氏内积,巧妙地解决了"维数灾难"的问题;④借助结构风险最小化原则,SVM 具有非常好的推广能力。

基于 SVM 在处理模式分类问题中的优势,本书将联盟生命周期发展阶段识别问题看成一个多分类问题,并借助 SVM 加以解决。具体的操作过程涉及数据的预处理方式、核函数确定、参数确定以及多分类方法确定四个关键环节,下面将针对这四个问题进行分析。[170]

(一)基于熵权的数据预处理

SVM 在解决分类问题时有一个使用上的制约点,即处理的分类问题指标维数不宜过多,当维数过多时,一方面机器很难识别模型,导致分类结果无法产生;另一方面,随分类维数的增加,分类的准确率也将降低。一般而言,SVM 在处理 4~5

维数据时，分类效果最佳。本书确定的关键识别要素包括 12 个二级指标，直接应用 SVM 很容易陷入困境。因此，本书先采用信息熵对 12 个二级指标进行客观赋权，按照权重加权集成得到 5 个一级指标的相关数据，再根据一级指标数据完成 SVM 分类。本书选择熵权法有两个原因：一是由于 SVM 最大的特点之一就是基于客观数据特征，机器学习后得到分类规律，所以在 SVM 分类之前，要最大限度地保留数据的客观性，降低人为赋权因素；二是 SVM 是基于特征为数据差异的程度进行分类的，在数据差异越显著的维度上，对分类的机器学习越有意义，而熵权法赋权的本质与 SVM 这一分类原理恰好吻合，它是依靠各项指标的观察值所提供的信息量大小来确定指标权重，不同类别的指标数据差异越大，信息量就越大，在二级指标向一级指标集合的过程中，所占的权重就越大，SVM 也将更易于识别。

运用熵权法进行指标预处理的具体步骤如下。

Step1：决策矩阵的构造。设 Q_s 为第 S 个样本的所有分类指标的得分向量：$Q_s = \{q_{s1}, q_{s2}, \cdots, q_{st}, \cdots, q_{sn}\}$，由所有调研样本的指标得分向量构成评价矩阵：$Q_{st} = (q_{st})_{m \times n}$，其中，$m$ 表示样本数量，n 表示分类指标的数量。

$$Q_{st} = \begin{Bmatrix} q_{11} & q_{12} & \cdots & q_{1n} \\ q_{21} & q_{22} & \cdots & q_{2n} \\ \cdots & \cdots & \cdots & \cdots \\ q_{m1} & q_{m2} & \cdots & q_{mn} \end{Bmatrix}_{m \times n}$$

Step2：决策矩阵标准化处理。该步骤主要是对量纲不同或指标取值为负的情况进行处理，最终形成标准化计算矩阵。但是，由于本书使用的数据不存在这两种情况，标准化步骤可以省略。

Step3：计算第 t 个指标下，第 s 个样本的特征比重，形成特征比重矩阵。

$$x_{st} = q_{st} / \sum_{s=1}^{m} q_{st} \quad s = 1,2,\cdots,m; t = 1,2,\cdots,n$$

Step4：计算指标 t 的熵值。

$$e_t = -k \sum_{s=1}^{m} x_{st} \ln(x_{st}) \quad (k = 1/\ln(m), k > 0, \ e_t > 0)$$

Step5：计算指标的差异系数。

对于给定的 t，q_{st} 的差异越小，则 e_t 越大，当 q_{st} 完全相等时，$e_t = e_{\max} = 1$，此时，指标 t 对于被评价对象的比较毫无作用；q_{st} 差异越大，e_t 越小，指标对于被评价对象的比较作用越大。因此定义差异系数 g_t，g_t 越大，t 指标在评价中越重要。

$$g_t = 1 - e_t$$

Step6：确定权数 ω_t。

$$\omega_t = g_t / \sum_{i=1}^{m} g_t (t = 1,2,\cdots,n) \tag{4}$$

其中，ω_t 为第 t 个指标归一化后的权重系数。

（二）核函数的选择

核函数的使用是 SVM 算法的一个关键，它避免了复杂模式识别问题直接高位求解带来的计算难度，从而使 SVM 相对于以往模式识别方法更加快捷有效。核函数的应用过程是：在构造判别函数时，先输入空间比较向量（求内积或某种距离），然后对结果做非线性变换，并利用满足 Mercer 条件的内积函数，完成非线性问题的线性分类。核函数的不同会影响分类结果，常用的核函数有以下四种。

线性核函数：$K(x, x') = (x \cdot x')$，采用该核函数得到支持向量机的一个分类器：

$$f(x) = \text{sgn}\left\{ \sum_{i=1}^{m} y_i \alpha_i (x, x_i) + b \right\}$$

q 阶多项式核函数：$K(x,x') = [(x \cdot x') + 1]^q$，采用该核函数得到支持向量机的一个 q 阶多项式分类器：

$$f(x) = \text{sgn}\left\{\sum y_i \alpha_i [(x \cdot x_i) + 1]^q + b\right\}$$

径向基核函数：$K(x,x') = \exp\left\{-\dfrac{\|x - x'\|^2}{\sigma}\right\}, (\sigma > 0)$，采用该核函数得到支持向量机的一个径向基分类器：

$$f(x) = \text{sgn}\left\{\sum_{i=1}^{m} y_i \alpha_i \exp\left\{-\dfrac{\|x - x_i\|^2}{\sigma}\right\} + b\right\}$$

Sigmoid 核函数：$K(x,x') = \tanh[v(x,x') + c], (v > 0, c > 0)$，采用该核函数得到的支持向量机是一个两层感知器神经网络。

本书使用支持向量机进行联盟发展阶段的分类识别时，选择径向基（RBF）核函数。选择的原因主要出于两方面的考虑：一方面径向基核函数在处理特征变量和分类变量呈非线性关系时准确性较高；另一方面径向基核函数的参数比较少，可操作性较强。

（三）参数的选择

支持向量机遵循风险最小化原则，这一目标需要借助惩罚参数 C 和核函数的参数 g 同时优化来完成。通过对数据样本可能采取的不同参数组合的调试，最终确定使 SVM 推广能力更好的参数值。本书惩罚参数 C 的范围设定在 0～100 之间。核参数 g 的根据核函数的不同而有所差异。本书采用的是径向基核函数，参考已有研究获取参数 g 最通用的方法是网格搜索方法，取值范围设定在 0～1 之间。

（四）多分类方法的选择

标准的支持向量机只适用于解决两分类问题，对多分类模式识别可以对标准 SVM 加以适度改进来实现。常用的改进思路有两种：一是直接多分类法，即在所有的训练样本上求解一个大的二次规划问题；二是间接多分类方法，它是将多分类问题转化成若干个两分类问题加以处理。两种方法相比，前者常用于三分类问题，当超过三分类时，其计算过程较为复杂，训练时间较长，且计算效率和精确度与间接多分类方法相比仍有显著的差距，所以本书采用间接多分类方法。[169] 间接多分类方法包括一类对余类法、一类对一类法、决策二叉树法等几种构建策略。

一类对余类法（OVR）由 Vapnik 提出，是 SVM 处理多分类问题最早的方法，处理思路是构造 k 个两分类器，分类结果如图 4-3 所示。但是该方法的问题是训练时间较长，并且有可能存在测试样本同时属于多类或不属于任何一类的区域，如图 4-3 中 G1、G2、G3、G4 部分所示。

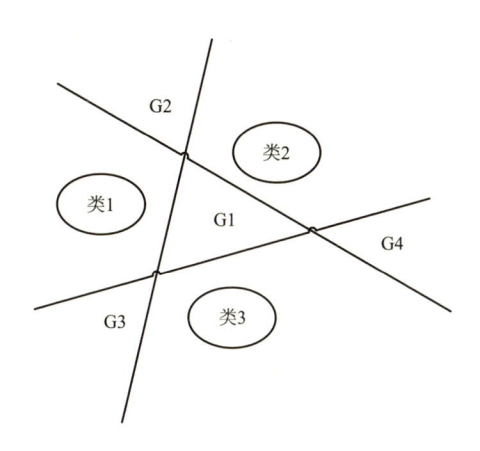

图 4-3 一类对余类法分类结果

注：G1、G2、G3、G4 为不可分区域。

一类对一类法（OVO）的核心思想是在 k 类训练样本中构造所有可能的两分类器，如图 4-4 所示。该方法易出现过学习现象，而且也可能存在不可分区域，如图 4-4 中 G 部分所示。

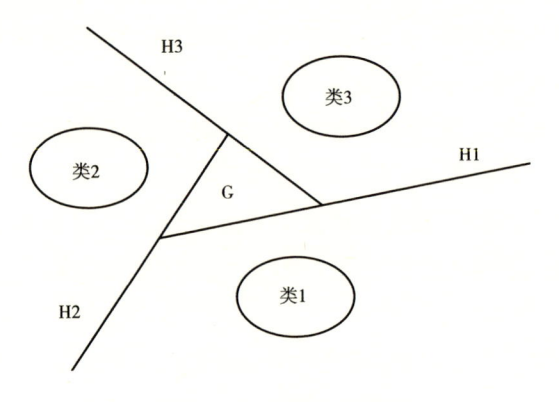

图4-4 一类对一类法

注：其中G为不可分区域。

决策二叉树SVM法（BT-SVM）的思路是：先将所有样本利用SVM划分为两类，对于每一类的样本再用SVM继续细分成两个子类，以此类推，直到细分出所有的类别K为止，如图4-5所示，为一个4分类问题的BT-SVM实施过程。

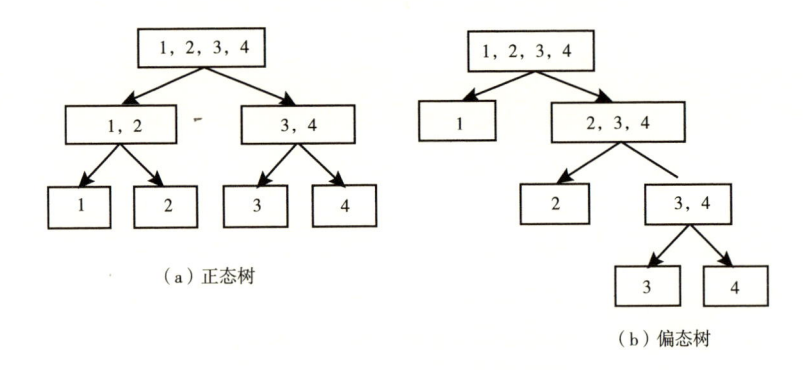

（a）正态树

（b）偏态树

图4-5 决策二叉树SVM法

以上三种算法，BT-SVM的应用最为广泛，其优点也较为突出。首先，它弥补了OVR和OVO中不可分区域无法归类的不足；其次，所需分类器个数较少。对于k类分类问题，OVR需要构造k个子分类器，OVO需要构造$k(k-1)/2$个子分类器，而用 BT-SVM 只需构造 $k-1$ 个分类器，重复训练的样本少，节省了训练时间。

BT-SVM 又分为两种情况，"正态树"结构和"偏态树"结构，分别如图 4-5（a）和（b）所示。本书采用的是"偏态树"结构，该方法是从初始状态开始，每经过一个节点分离出一类，最终实现 k 类分离的过程，如图 4-5（b）所示。

综合以上四个关键步骤，可以得到基于熵权-支持向量机（SVM）的联盟生命周期识别模型，其判断流程如图 4-6 所示。

Step1：数据准备及预处理。以第四章第二节中识别联盟发展阶段的关键要素为基础，编制"企业网络生命周期调查问卷"，见附录1的第三部分。问卷中前12个题项与关键要素指标相对应，作为 SVM 算法的输入端，最后1个题项反映联盟发展阶段的估计值，作为 SVM 算法的输出端，通过发放该问卷收集原始输入与输出端数据。

Step2：数据预处理及样本集形成。根据信息熵算法，对原始输入数据进行预处理。然后，将预处理的输入数据与原始输出数据整合形成数据集，该数据集被划分成为两部分，其中 80% 的数据作为训练样本集，用于 SVM 模型的构建，剩余 20% 作为测试样本集，用于检验模型的泛化性。

Step3：利用原始训练集训练支持向量机。基于前文的分析，采用 BT-SVM 的多分类模式，选择径向基核函数，完成识别模型的构建。其中，设置惩罚参数 C 的范围为 1~100，核函数的参数 g 通过网格搜索方法确定，取值范围设定在 0~1 之间。依次训练，别得到 $f_1(x)$，$f_2(x)$，$f_3(x)$ 三个决策函数，进而得到本书所求的四分类模型。

Step4：识别模式的检验。将测试样本集代入训练后的 SVM 模型，通过分类结果的准确性检验模型构建的科学性和合理性。

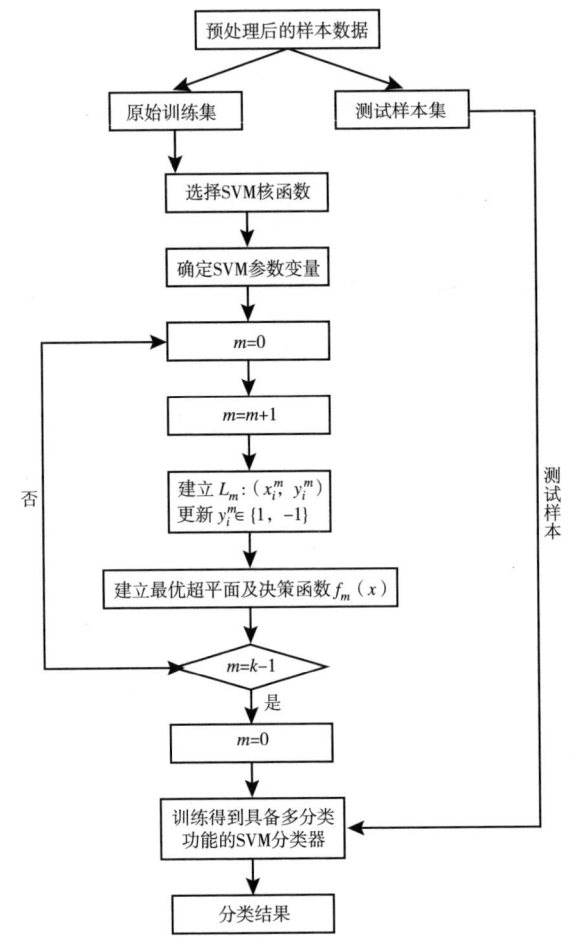

图 4-6　基于熵权-支持向量机（SVM）的联盟生命
周期识别模型的判定流程

第四节　基于联盟生命周期的核心
企业网络能力组合赋权

已有研究对核心企业网络能力的计量采用的是"先赋权后集成"的经典评价思路，其中，赋权的方法包括主观赋权法、客观赋权法和组合赋权法三大类。使用频率最高的为主观赋权法，它是基于评价者的经验和直觉对各项评价指标进行权数分配。已有文献使用的具体方法有德尔菲法、层次分析法、区间统计法以及直接定权法。使用频率次高的为客观赋权法，其基本思想是根据各指标间的相关关系或各指标提供的信息量来确定指标权重，这样可以避免人为因素带来的误差。已有文献使用的具体方法有因子分析法、主成分分析法以及变异系数法。使用频率最少的为组合赋权法。组合赋权法是对几种单一赋权方法进行适当集成，综合确定指标权重的方法，已有文献使用的具体方法是将区间统计法、层次分析法和变异系数法三者的计算结果通过加权平均算子集成来综合赋权。与单一的主观或客观赋权相比，主客观组合赋权法可以兼顾两者的优点，既避免了单纯使用客观赋权法脱离实际意义的问题，也避免了单纯使用主观赋权法的随意性。

已有企业网络能力评价的研究多在静态情境下完成，而本书强调的是网络能力评价与联盟生命周期的动态匹配。因此，对于联盟的每一个发展阶段 i，都要确立一个网络能力评价的权重向量 W_i，最终形成一个权重矩阵 $W = (w_{ij})_{m \times n}$，其中 $m = 1 \sim 4$，$n = 1 \sim 21$。w_{ij} 表示核心企业所在联盟处于第 i 个发展阶段时，对应网络能力指标 j 的权重。

对于权重向量 W_i，本书在比较三种方法优缺点的基础上，选择主客观组合赋权法。此外，考虑到本书构建的网络能力评价指标体系是多层递阶结构，主观赋权 W'_i 采用 AHP 法，客观赋权 W'''_i 采用因子分析法来完成，最终权重为 $W_i = \alpha W'_i + \beta W'''_i$，$\alpha \in [0,1]$，$\beta \in [0,1]$。$\alpha$ 和 β 的值根据研究问题不同有所差异，本书参考已有研究，两个参数的取值都取 1/2。

一 基于 AHP 的主观权重确定

本书采用层次分析法（AHP 法），借助专家的知识、经验，确定处于不同联盟发展阶段的核心企业网络能力指标的主观权重,其主要步骤如下。

Step1:建立递阶层次结构。AHP法首先需要解决的问题就是将研究问题层次化,构建一个递阶的层次模型。模型一般包括目标层、准则层、指标层三个层次,如图4-7所示。

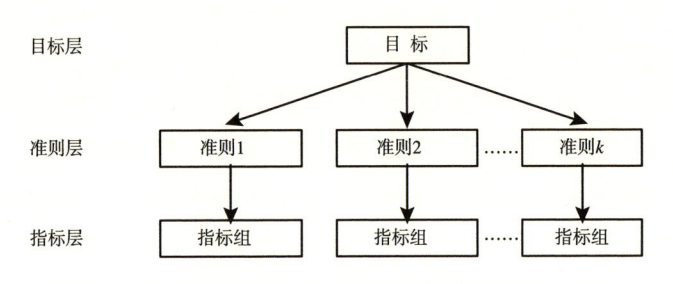

```
目标层            ┌──────┐
                 │  目标  │
                 └──────┘
                  ↙  ↓  ↘
准则层      ┌─────┐ ┌─────┐    ┌─────┐
          │准则1│ │准则2│ …… │准则k│
          └─────┘ └─────┘    └─────┘
             ↓      ↓           ↓
指标层    ┌─────┐ ┌─────┐    ┌─────┐
         │指标组│ │指标组│ …… │指标组│
         └─────┘ └─────┘    └─────┘
```

图4-7 递阶层次结构

Step2:利用专家经验构造两两比较判断矩阵。假设上层元素 α 作为准则,n 个元素 $x_1, x_2, \cdots, x_n$ 对准则层 α 的影响可以通过判断矩阵 A 来反映,其中 a_{ij} 表示 x_i 和 x_j 关于准则 α 的相对重要程度之比。

Step3:元素相对权重的计算。通过两两比较判断矩阵估计真实的权重值,本书采用特征值算法。

Step4:矩阵一致性的检验。由于客观事物的复杂性和人们认识能力的有限性,构造的判断矩阵有可能存在潜在矛盾,需要对其进行一致性检验。本书借助不一致程度指标 CI 和随机一致性比率 CR 两个指标进行检验。

二 基于因子载荷的客观权重确定

本书采用因子分析定权法,确定处于不同联盟发展阶段的核心企业网络能力指标的客观权重,其本质就是用因子负荷的绝对值作为权重,主要步骤如下。

Step1:数据标准化。若有 n 个数据样本,p 个观测指标 $X_1, X_2, \cdots, X_P$,构成一个 $N \times P$ 阶矩阵 $X_{n \times p}$。标准化处理矩阵 $X_{n \times p}$:

$$z_{ij} = \frac{x_{ij} - \overline{x_j}}{s_j} \quad (i = 1, 2, \cdots, n; j = 1, 2, \cdots, p)$$

其中，$\overline{x_j} = \frac{1}{n}\sum_{i=1}^{n} x_{ij}$ 是第 j 个指标的平均值，$s_j = \sqrt{\frac{1}{n-1}\sum_{i=1}^{n}(x_{ij} - \overline{x_j})^2}$ 是第 j 个指标的标准差。

Step2：因子分析适宜性判断。将原始数据输入 SPSS 软件进行因子分析适宜性检验，计算相关系数矩阵，判断是否适合进行因子分析。若相关系数矩阵中的大部分系数值大于 0.5，则变量间相关性强，适宜进行因子分析，也适宜采用以因子分析为基础的因子载荷定权法赋权。

Step3：因子载荷矩阵构建。经过降维处理，p 个指标可由 $m(m < p)$ 个公共因子 $F_1, F_2, \cdots, F_m$ 的线性组合来表示：$Y = AF + \varepsilon$，其中，Y 为标准化后的原始矩阵；

A 为因子载荷矩阵：$A = \begin{pmatrix} a_{11}, a_{12}, a_{13}, \cdots, a_{1m} \\ a_{21}, a_{22}, a_{23}, \cdots, a_{2m} \\ \vdots \quad \vdots \quad \vdots \quad \quad \vdots \\ a_{p1}, a_{p2}, a_{p3}, \cdots, a_{pm} \end{pmatrix}$

F 为公共因子矩阵：$F = (F_1, F_2, \cdots, F_m)^T$；

ε 为特殊因子矩阵：$\varepsilon = (\varepsilon_1, \varepsilon_2, \cdots, \varepsilon_m)^T$。

Step4：权重的确定。P 个指标中第 j 个指标 X_j 的权重 W_j 的计算可表述如下：

$$b_{lj} = |a_{lj}| \Big/ \sum_{j=1}^{p} |a_{lj}| \quad (j = 1,2,3,\cdots,p; l = 1,2,3,\cdots,m)$$

$$C_j = \sum_{l=1}^{m} b_{lj} \quad (j = 1,2,3,\cdots,p)$$

$$W_j = c_j \Big/ \sum_{j=1}^{p} c_j \quad (j = 1,2,3,\cdots,p)$$

其中，b_{lj} 是将 F_l 在各变量上载荷的绝对值归一化处理而得，

C_j 是由评价各因子时 X_j 的权重平均相加而得,而 W_j 是对 C_j 归一化处理而得。

第五节 基于唯一特征雷达图的信息集成

网络能力评价指标权重矩阵确定以后,接下来是集成算子的选择。已有文献中最常用的方法是线性加权算子(SWA),它强调评价对象不同维度之间的互补性,如果某一维度的指标值很大,即使其他方面不突出,其整体评价值也不会很低。在综合评价理论中,与SWA算子性质相似的是雷达图算子。作为一种几何投影方法,雷达图可以将一个多维空间点映射到二维空间中,并通过提取面积和周长等特征向量,来对评价对象进行综合评价。它与线性加权算子都能很好地反映系统规模测量的特点,并且更加直观、形象,易于不同评价对象之间的比较。

雷达图算子目前被广泛应用于多个领域,但在网络能力计量方面却鲜有涉及。考虑到它与SWA算子本质上的一致性和易于直观比较的特点,本研究选择雷达图算子作为核心企业网络能力指标值与指标权重信息集成的方法。

然而,已有研究所采用的雷达图集成算子属于传统意义上的雷达图,如图4-8所示。首先,标准化处理评价对象的指标值,以指标的最大值为半径确定一个圆;其次,将圆周 N 等分(N = 指标个数),并画出 N 条坐标轴,每条坐标轴度量一个指标;最后,将指标得分标注在对应的坐标轴上,形成一个封闭的多边形,这个多边形的面积或者周长即可以作为系统规模综合评价值。不难发现,采用传统雷达图集成信息存在两方面问题:第一,N 等分圆周意味着指标权重是相同的,这种假设是一种特殊情况,如果构建指标体系的各个维度重要性不同,则该方法就无法进行了;第二,提取的特征向量面积和周长会随指标排序不同而改变,标注指标值的先后顺序不同使得最终得到的综合评价值也不同。这两方面的缺点是造成雷达图集成算子较少被使用的一个重要原因。

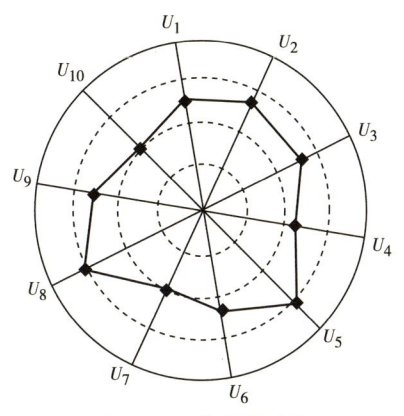

图 4-8 传统雷达图

为克服传统雷达图存在的缺陷,本书提出带权重的唯一特征雷达图改进方法,如图 4-9 所示。改进主要体现在两个方面,一方面,将以雷达图多边形的面积作为评价值改进为以指标值为半径的若干个扇形面积之和作为评价值。另一方面,根据指标权重对圆周进行分割,在计算面积或周长时,权重高的指标会对评价函数产生更大的影响。改进后的雷达图可以很好地解决传统雷达图的缺陷,实现了数据集成过程的科学性。

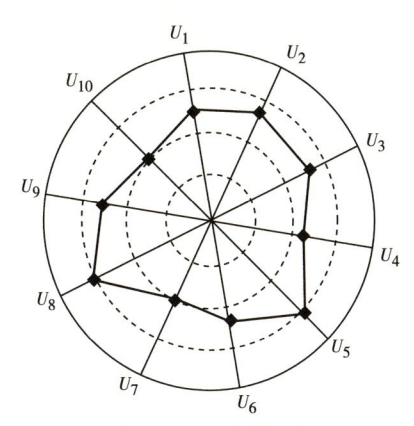

图 4-9 改进雷达图

改进雷达图的特征向量 A_i 为各个扇形面积之和,具有唯一性,不再随指标排列顺序不同而变化:

$$A_i = \sum_{j=1}^{m} \omega_j \pi a_{ij}^2 \tag{5}$$

其中,A_i 为第 i 个样本的网络能力各维度对应的扇面面积;a_{ij} 表示 i 个样本第 j 个能力维度的指标值;ω_j 表示指标 j 的权重值。

第六节 实证研究

一 数据来源

真实有效的数据是保证模型验证准确性的基础。本节实证研究涉及三方面数据:一是联盟发展阶段识别的数据;二是核心企业网络能力客观因子赋权的数据;三是核心企业网络能力主观赋权的数据,其中,前两部分数据与本书第三章的研究数据来源一致,都是"企业网络生命周期及网络能力调查问卷",而第三部分数据则是依靠专家打分获得。

二 联盟生命周期判定的实证研究

本书第三章已经证实了"联盟不同发展阶段,核心企业网络能力发挥作用的方式和内容有所差异"。在这样的理论前提下,科学评价核心企业网络能力的第一步就是要对核心企业所处联盟的生命周期阶段进行准确判定。

本部分以第四章第二节中"识别联盟生命周期阶段的关键要素"为基础,利用第四章第三节提出的"基于 Entropy – SVM 的联盟生命周期判定模型",对收集到的 386 个样本企业的联盟生命周期阶段进行判定。其中,识别联盟网络生命周期判定指标与对应变量如表 4 – 1 所示。

表 4 – 1　联盟网络生命周期判定指标与对应变量

类别	指标	变量名称
核心企业特征（C1）	核心企业规模	$B1$
	核心企业发展阶段	$B2$
联盟网络特征（C2）	联盟网络规模	$B3$
	联盟专业化分工	$B4$
	联盟沟通机制	$B5$
联盟技术特征（C3）	知名品牌数量	$B6$
	联盟技术成熟度	$B7$
	联盟创新能力	$B8$
联盟外部特征（C4）	外部支持度	$B9$
	联盟进出壁垒	$B10$
联盟发展特征（C5）	社会资源流向	$B11$
	合作伙伴流向	$B12$

Step1：数据收集。

借助附录 1 第三部分的 13 个题项，本书收集到 386 条有效样本数据，每条样本数据分成两部分，前 12 个题项对应关键要素指标值，最后 1 个题项对应联盟发展阶段的估计值，作为 SVM 算法原始输入与输出端数据。

Step2：基于熵权法的样本数据预处理。

本书利用支持向量机来实现不同联盟发展阶段的模式识别，正如本书第四章第三节中说明的，由于支持向量机在处理分类问题时，分类特征指标过多，会对训练分类器的结果产生严重影响，所以本书采用熵权法对原始输入数据进行加权集成计算，依据权重将调研得到的 12 个二级指标数据集合成 5 个一级指标数据，并将处理后的输入数据与原始输出数据进行整合，形成新的样本数据集存于"svm.xlsx"文件中。

熵权模型计算的过程实现，可以使用 EXCEL 软件逐步求解，也可以编写程序求得结果。本书利用 matlab 软件编写程序代码求解，编译器为 visual studio 2010。

通过使用 matlab 运算得到基于熵权法的 12 个联盟网络生命周期判定指标的权重如表 4-2 所示。

表 4-2　基于熵权法的联盟网络生命周期判定指标权重

指标	e_t	g_t	熵权 ω_t
B1	0.992529897	0.007470103	0.061517923
B2	0.992429235	0.007570765	0.062346900
B3	0.988723869	0.011276131	0.092861390
B4	0.988439771	0.011560229	0.095201000
B5	0.991566208	0.008433792	0.069454110
B6	0.987297260	0.012702740	0.104609833
B7	0.986563301	0.013436699	0.110654137
B8	0.987740148	0.012259852	0.100962551
B9	0.989117396	0.010882604	0.089620610
B10	0.990063024	0.009936976	0.081833163
B11	0.991408489	0.008591511	0.070752965
B12	0.992691703	0.007308297	0.060185418

Step3：利用新的样本数据集训练支持向量机。

将新的样本数据集分成两部分，300 个样本作为训练集，86 个样本作为测试集。根据本章第三节中支持向量机算法的三个关键计算步骤，利用 matlab R2012b 软件，以 visual studio 2010 为编译器进行分类模型的构建。由于 matlab 自带的 SVM 工具箱只能处理二分类问题，所以本书使用由台湾大学林智仁教授开发设计的 libsvm 工具箱，编写程序代码进行分类。

step4：利用测试样本集检验 SVM 模式识别的准确性。

使用 matlab 软件运行以上程序，结果显示：参数 g 为 0.2500，c 为 64，t 为 -1，准确率为 Accuracy = 96.5116% (classification)，预测分类结果如图 4-10 所示。

为验证本书 SVM 分类模型中核函数和分类模式选择的有效性，本书还对比了一对一多分类、决策二叉树以及偏态二叉树

第四章 基于联盟生命周期的核心企业网络能力测评模型 | 089

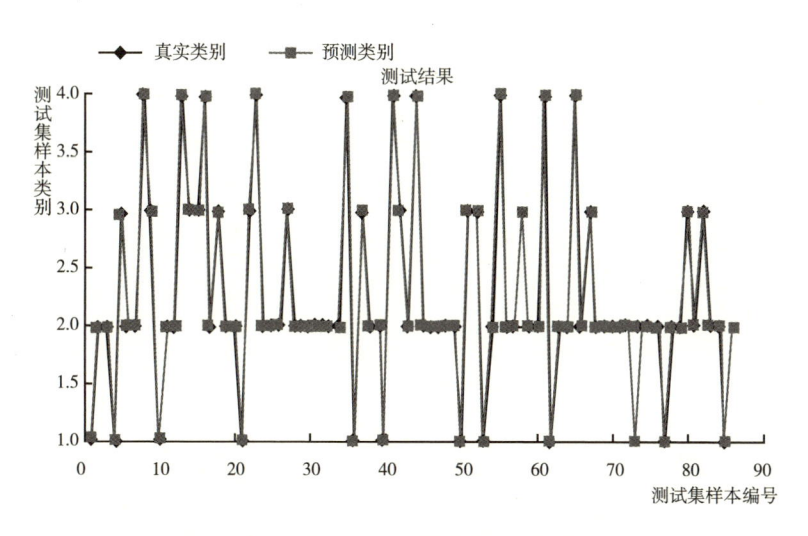

图 4-10 联盟网络发展阶段 matlab 分类结果

（本书所用方法）的分类准确率，如表 4-3 所示，结果表明本书采用的偏态树算法比一对一多分类算法和决策二叉树算法具有更好的效果；此外，在偏态二叉树下比较了不同核函数的准确率，如表 4-4 所示，结果表明本书采用的径向基核函数分类效果优于其他几种核函数。

表 4-3 三种方法分类准确性比较

分类方法	一对一	决策二叉树	偏态二叉树
准确率（%）	89.3622	93.2117	96.5116

表 4-4 不同核函数分类准确性比较

核函数类别	线性内核	多项式内核	径向基	Sigmoid 函数内核
准确率（%）	93.3676	87.5613	96.5116	90.314

三 网络能力指标权重的实证研究

本书采用主客观组合赋权的方法，确定联盟生命周期各阶段网络能力的权重。其中，主观赋权方法采用层次分析法，客观赋权方法采用因子载荷法,最后采用算数加权的方法将两种方法得到的权重值进行集成。

(一)基于层次分析法(AHP法)确定主观权重

Step1:构建核心企业网络能力评价的指标体系。

根据第三章验证性因子分析确立的核心企业网络能力结构维度,构建核心企业网络能力评价指标的递阶层次结构,如表4-5所示。

表4-5 核心企业网络能力评价指标的递阶层次结构

目标层	准则层	指标层
核心企业 网络能力(A)	网络规划能力(D_1)	愿景塑造能力(D_{11})
		结构设计能力(D_{12})
		演化预测能力(D_{13})
	网络构建能力(D_2)	网络识别能力(D_{21})
		网络开发能力(D_{22})
	网络管理能力(D_3)	网络交流能力(D_{31})
		网络整合能力(D_{32})
		网络优化能力(D_{33})
		网络控制能力(D_{34})
	网络变革能力(D_4)	网络学习能力(D_{41})
		网络重构能力(D_{42})

Step2:构建判别矩阵。

邀请企业能力研究领域的专家对表4-3中的各层因素进行两两比较评分。共发出专家评价表12份,回收9份,回收率为75%,在回收的问卷中,剔除无效问卷1份,有效问卷为8份,有效率为88.89%。

本书基于生命周期对网络能力进行评价,每位专家在评分时需要对四个生命周期阶段进行区别评判。根据问卷结果,每个专家构造的矩阵为20个,对每个专家的咨询结果所构造的判断矩阵进行检验,得出160个判断矩阵均满足$CR<0.1$的一致性。

Step3：整合不同专家的判断矩阵计算权重。

本书综合了多个专家的经验分别构建判断矩阵，属于群体决策问题。因此，要计算权重必须对同类矩阵加以整合，本书通过判断矩阵综合法来完成对同类矩阵的整合。具体过程是：将不同专家针对同一问题构造的判断矩阵进行几何平均运算，整合成一个综合判断矩阵。这样最后得到 20 个综合判断矩阵，每个发展阶段对应 5 个综合判断矩阵。以这 20 个矩阵为基础，按照 AHP 的特征值法计算相应的权重向量。

下面以结网期为例示意计算过程。对于目标层 A，8 位专家会分别建立 D_1、D_2、D_3、D_4 相对于 A 的判断矩阵，将这 8 个矩阵通过综合法加以整合，得到 D_1、D_2、D_3、D_4 相对于 A 的综合判断矩阵为：

$$d_A = \begin{bmatrix} 1 & 3.3 & 3.9 & 2.1 \\ 1/3.3 & 1 & 1.1 & 1/1.6 \\ 1/3.9 & 1/1.1 & 1 & 1/1.9 \\ 1/2.1 & 1.6 & 1.9 & 1 \end{bmatrix}$$

以此为基础，计算得到权重向量，$W_A = (0.4900, 0.1455, 0.1274, 0.2362)^T$，$\lambda_{max} = 4.1107$，$CI = 0.0369$，$CR = 0.0410 < 0.1$。因此，在结网期，网络能力在网络规划能力、网络构建能力、网络管理能力、网络变革能力四个层面上，作用最显著的是网络规划能力，权重为 0.4900，其次为网络变革能力，权重为 0.2362。

同理，D_{11}、D_{12} 和 D_{13} 相对于 D_1 的综合判断矩阵为：

$$d_{D1} = \begin{bmatrix} 1 & 1.5 & 1.7 \\ 1/1.5 & 1 & 1.1 \\ 1/1.7 & 1/1.1 & 1 \end{bmatrix}$$

计算得到权重向量，$W_{D1} = (0.4436, 0.2928, 0.2636)^T$，$\lambda_{max} = 3.0001$，$CI = 0.00005$，$CR = 0.000086 < 0.1$。因此，在结网期，网络规划能力在愿景塑造能力、结构设计能力、演化预测能力三

个层次上，愿景塑造能力作用最显著，权重为 0.4436。

D_{21} 和 D_{22} 相对于 D_2 的综合判断矩阵为：

$$d_{D2} = \begin{bmatrix} 1 & 1.3 \\ 1/1.3 & 1 \end{bmatrix}$$

计算得到权重向量，$W_{D2} = (0.5652, 0.4348)^T$，$\lambda_{max} = 2$，$CI = 0$，$CR = 0 < 0.1$。因此，在结网期，网络构建能力在网络识别能力、网络开发能力两个层次上，网络识别能力作用最显著，权重为 0.579。

D_{31}、D_{32}、D_{33} 和 D_{34} 相对于 D_3 的综合判断矩阵为：

$$d_{D3} = \begin{bmatrix} 1 & 1/1.4 & 2.1 & 1.7 \\ 1.4 & 1 & 2.4 & 1.9 \\ 1/2.1 & 1/2.4 & 1 & 1/1.2 \\ 1/1.7 & 1/1.9 & 1.2 & 1 \end{bmatrix}$$

计算得到权重向量，$W_{D3} = (0.2959, 0.3723, 0.1491, 0.1826)^T$，$\lambda_{max} = 4.0060$，$CI = 0.0020$，$CR = 0.0022 < 0.1$。因此，在结网期，网络管理能力在网络交流能力、网络整合能力、网络优化能力、网络控制能力四个层次上，网络整合能力作用最显著，权重为 0.4723。

D_{41}、D_{42} 相对于 D_4 的综合判断矩阵为：

$$d_{D4} = \begin{bmatrix} 1 & 2.3 \\ 1/2.3 & 1 \end{bmatrix}$$

计算得到权重向量，$W_{D4} = (0.6970, 0.3030)^T$，$\lambda_{max} = 2$，$CI = 0$，$CR = 0 < 0.1$。因此，在结网期，网络变革能力在网络学习能力、网络重构能力两个层次上，网络学习能力作用最显著，权重为 0.6970。

基于 AHP 的结网期核心企业网络能力指标权重见表 4-6。

表 4-6 基于 AHP 的结网期核心企业网络能力指标权重

准则层	准则层权重	指标层	指标层权重	最终权重
D_1	0.4900	D_{11}	0.4436	0.2174
		D_{12}	0.2928	0.1435
		D_{13}	0.2636	0.1292
D_2	0.1455	D_{21}	0.5652	0.0822
		D_{22}	0.4348	0.0633
D_3	0.1274	D_{31}	0.2959	0.0377
		D_{32}	0.3723	0.0474
		D_{33}	0.1491	0.0190
		D_{34}	0.1826	0.0233
D_4	0.2362	D_{41}	0.6970	0.1646
		D_{42}	0.3030	0.0716

同理，得到联盟网络发展期、稳定期和变革期的五个判断矩阵以及权重值，整理得到基于 AHP 的核心企业网络能力指标权重值（见表 4-7）。

表 4-7 基于 AHP 核心企业网络能力指标权重

准则层	指标层	结网期	发展期	稳定期	变革期
网络规划能力 (D_1)	愿景塑造能力（D_{11}）	0.2174	0.0593	0.0247	0.0622
	结构设计能力（D_{12}）	0.1435	0.0907	0.0343	0.0566
	演化预测能力（D_{13}）	0.1292	0.0413	0.0821	0.1304
	D_1 权重	0.4900	0.1913	0.1411	0.2491
网络构建能力 (D_2)	网络识别能力（D_{21}）	0.0822	0.2338	0.0792	0.0580
	网络开发能力（D_{22}）	0.0633	0.1298	0.0440	0.0415
	D_2 权重	0.1455	0.3636	0.1232	0.0995

续表

准则层	指标层	结网期	发展期	稳定期	变革期
网络管理能力(D_3)	网络交流能力(D_{31})	0.0377	0.0391	0.1511	0.0367
	网络整合能力(D_{32})	0.0474	0.0442	0.0900	0.0292
	网络优化能力(D_{33})	0.0190	0.0818	0.1847	0.0596
	网络控制能力(D_{34})	0.0233	0.1034	0.1248	0.0338
	D_3权重	0.1274	0.2684	0.5507	0.1594
网络变革能力(D_4)	网络学习能力(D_{41})	0.1646	0.1420	0.1211	0.1757
	网络重构能力(D_{42})	0.0716	0.0347	0.0638	0.3163
	D_4权重	0.2362	0.1767	0.1849	0.4920

（二）基于因子载荷计算客观权重

因子载荷赋权的过程，同样是从生命周期视角，分结网期、发展期、稳定期和变革期四个阶段分别测算客观权重。每个阶段下，分别用 SPSS 软件得到因子分析法的四个公因子 $F1$、$F2$、$F3$、$F4$ 和因子载荷矩阵，并将各指标与公因子之间的关系用方程表示，表4-8为不同发展阶段网络能力指标的客观权重。

表4-8 基于因子载荷的核心企业不同发展阶段网络能力指标的客观权重

一级指标	二级指标	结网期	发展期	稳定期	变革期
网络规划能力(D_1)	愿景塑造能力(D_{11})	0.2	0.06	0.04	0.06
	结构设计能力(D_{12})	0.12	0.09	0.02	0.06
	演化预测能力(D_{13})	0.09	0.04	0.08	0.11
	D_1权重	0.41	0.19	0.14	0.23
网络构建能力(D_2)	网络识别能力(D_{21})	0.11	0.23	0.09	0.06
	网络开发能力(D_{22})	0.08	0.13	0.06	0.04
	D_2权重	0.19	0.36	0.15	0.1
网络管理能力(D_3)	网络交流能力(D_{31})	0.05	0.04	0.15	0.04
	网络整合能力(D_{32})	0.07	0.05	0.09	0.03
	网络优化能力(D_{33})	0.02	0.09	0.17	0.07
	网络控制能力(D_{34})	0.03	0.11	0.12	0.04
	D_3权重	0.17	0.29	0.53	0.18

续表

一级指标	二级指标	结网期	发展期	稳定期	变革期
网络变革能力 (D_4)	网络学习能力(D_{41})	0.18	0.13	0.11	0.18
	网络重构能力(D_{42})	0.05	0.03	0.07	0.31
	D_4 权重	0.23	0.16	0.18	0.49

（三）计算组合权重

将基于 AHP 得到的主观权重和基于因子载荷得到的客观权重，采用算数平均的方法整合，得到联盟网络生命周期各阶段的核心企业网络能力组合权重值，如表 4-9 所示。

表 4-9 联盟网络生命周期各阶段的核心企业网络能力组合权重

一级指标	二级指标	结网期	发展期	稳定期	变革期
网络规划能力 (D_1)	愿景塑造能力(D_{11})	0.2087	0.0597	0.0324	0.0611
	结构设计能力(D_{12})	0.1318	0.0904	0.0272	0.0583
	演化预测能力(D_{13})	0.1096	0.0407	0.0811	0.1202
	D_1 权重	0.4500	0.1907	0.1406	0.2396
网络构建能力 (D_2)	网络识别能力(D_{21})	0.0961	0.2319	0.0846	0.0590
	网络开发能力(D_{22})	0.0717	0.1299	0.0520	0.0408
	D_2 权重	0.1678	0.3618	0.1366	0.0998
网络管理能力 (D_3)	网络交流能力(D_{31})	0.0439	0.0396	0.1506	0.0384
	网络整合能力(D_{32})	0.0587	0.0471	0.0900	0.0296
	网络优化能力(D_{33})	0.0195	0.0859	0.1774	0.0648
	网络控制能力(D_{34})	0.0267	0.1067	0.1224	0.0369
	D_3 权重	0.1487	0.2792	0.5404	0.1697
网络变革能力 (D_4)	网络学习能力(D_{41})	0.1723	0.1360	0.1156	0.1779
	网络重构能力(D_{42})	0.0608	0.0324	0.0669	0.3132
	D_4 权重	0.2331	0.1684	0.1825	0.4910

四 网络能力综合评价的实证研究

借助第四章第五节具有唯一特征的雷达图算子将标准化后的样

本数据和核心企业网络能力组合权重向量集成,得到各样本企业所在联盟网络中核心企业网络能力的评价结果,如表4-10所示。

表4-10 调研样本企业所在联盟中核心企业网络能力评价结果

样本编号	发展阶段	评价结果	样本编号	发展阶段	评价结果
1	4	47.43	32	1	39.06
2	2	15.20	33	4	46.32
3	2	18.99	34	1	50.26
4	2	19.88	35	1	77.66
5	3	41.32	36	2	57.85
6	2	12.71	37	2	58.84
7	2	23.82	38	3	78.95
8	2	44.05	39	2	48.73
9	2	29.27	40	2	53.04
10	1	47.24	41	1	53.86
11	3	51.99	42	1	58.30
12	1	43.16	43	2	54.34
13	4	53.64	44	1	60.07
14	2	31.50	45	1	65.00
15	2	61.40	46	4	59.96
16	2	37.18	47	4	63.41
17	1	40.68	48	2	50.03
18	4	39.03	49	3	81.65
19	2	31.34	50	2	66.27
20	4	39.58	51	2	57.66
21	2	52.54	52	4	61.06
22	2	46.31	53	1	79.89
23	1	60.30	54	2	53.69
24	3	60.71	55	2	59.33
25	2	54.75	56	2	65.68
26	2	44.90	57	3	98.02
27	2	60.70	58	3	94.98
28	2	83.62	59	3	109.33
29	2	50.14	60	2	61.12
30	2	53.86	61	3	97.56
31	2	58.93	62	2	61.17

续表

样本编号	发展阶段	评价结果	样本编号	发展阶段	评价结果
63	1	60.87	98	2	88.2
64	2	68.69	99	3	134.85
65	2	75.67	100	3	110.11
66	2	62.57	101	3	116.08
67	2	67.15	102	2	78.34
68	2	70.45	103	2	77.45
69	1	63.3	104	2	83.29
70	2	67.91	105	2	83.14
71	2	57.46	106	2	104.51
72	2	68.27	107	3	119.28
73	1	82.66	108	2	84.28
74	3	106.33	109	2	92.55
75	3	100.5	110	1	75.3
76	3	109.86	111	2	88.18
77	4	86.69	112	2	81.14
78	1	71.17	113	2	78.03
79	3	97.8	114	4	91.21
80	2	85	115	3	123.64
81	2	59.96	116	3	142.53
82	2	86.71	117	2	92.31
83	3	108.72	118	4	95.03
84	2	79.65	119	2	93.5
85	2	79.4	120	3	138.17
86	2	82.78	121	2	96.01
87	3	105.67	122	2	85.95
88	2	84.36	123	3	139
89	2	73.33	124	2	91.89
90	4	77.44	125	2	98.67
91	2	101.89	126	2	101.71
92	2	103.93	127	1	97.71
93	2	79.45	128	2	90.38
94	1	68.89	129	2	102.16
95	3	118.01	130	4	90.34
96	3	115.72	131	3	141.5
97	1	78.24	132	2	99.48

续表

样本编号	发展阶段	评价结果	样本编号	发展阶段	评价结果
133	3	133.49	165	4	104.15
134	2	95.36	166	3	163.55
135	1	110.82	167	2	116.75
136	2	111.3	168	3	167.5
137	3	138.06	169	2	131.31
138	3	143.46	170	2	115.45
139	1	97.58	171	1	127.17
140	3	136.05	172	2	125.07
141	2	104.87	173	2	144.12
142	2	103.44	174	2	132.55
143	1	110.84	175	2	131.57
144	3	137.92	176	4	134.56
145	3	139.11	177	2	151.13
146	2	121.73	178	2	152.59
147	2	105.4	179	1	38.16
148	2	117.03	180	4	20.1
149	2	98.37	181	1	41.41
150	2	103.23	182	4	56.34
151	4	101.77	183	4	49.22
152	4	107.2	184	1	41.83
153	2	104.91	185	4	43.49
154	3	148.11	186	2	23.83
155	3	151.26	187	4	47.62
156	2	128.95	188	4	61.24
157	2	110.81	189	2	31.07
158	2	111.48	190	2	27.1
159	2	104.68	191	3	54.66
160	2	113.97	192	1	65.37
161	2	111.04	193	2	48.73
162	2	109.77	194	1	46.35
163	3	159.26	195	2	27.46
164	3	169.04	196	1	57.11

续表

样本编号	发展阶段	评价结果	样本编号	发展阶段	评价结果
197	3	64.32	229	1	76.18
198	1	77.66	230	1	78.46
199	4	63.41	231	2	60.43
200	2	47.73	232	1	74.67
201	1	61.64	233	1	80.48
202	2	35.15	234	4	91.61
203	1	60.71	235	4	85.3
204	4	58.61	236	2	66.85
205	2	34.03	237	3	91.04
206	4	85.92	238	2	54
207	2	67.53	239	2	60.04
208	2	42.59	240	4	94.59
209	1	60.07	241	1	86.61
210	3	77.31	242	2	52.66
211	2	34.33	243	2	49.79
212	2	55.76	244	2	67.69
213	1	65	245	3	107.97
214	2	48.95	246	3	101.07
215	1	68.71	247	3	115.44
216	4	75.81	248	2	57.58
217	2	57.88	249	3	100.07
218	2	47.39	250	2	54.68
219	2	52.89	251	1	89.66
220	1	65.36	252	2	60.11
221	4	90.17	253	2	68.19
222	1	72.14	254	2	60.12
223	1	83.81	255	2	59.75
224	2	81.69	256	2	73.47
225	2	54.13	257	1	89.48
226	3	87.48	258	2	78.23
227	2	57.74	259	2	65.09
228	2	64.91	260	2	68.14

续表

样本编号	发展阶段	评价结果	样本编号	发展阶段	评价结果
261	1	97.85	293	2	87.2
262	3	120.34	294	2	96.3
263	3	108.71	295	3	119.85
264	3	113.35	296	2	78.43
265	4	102.36	297	2	87.46
266	1	100.67	298	1	92.93
267	3	102.04	299	2	81.59
268	2	70.32	300	2	76.32
269	2	68.62	301	4	109.41
270	2	61	302	1	114.05
271	3	115.15	303	4	106.59
272	2	70.36	304	4	125.77
273	2	81.07	305	2	89.03
274	2	59.23	306	4	18.41
275	3	113.18	307	3	124.66
276	2	90.4	308	3	140.35
277	2	74.25	309	2	88.92
278	4	105.5	310	4	60.78
279	2	74.94	311	2	85.22
280	2	85.75	312	3	126.98
281	2	82.89	313	4	44.7
282	1	89.37	314	1	98.31
283	3	119.74	315	4	36.76
284	3	129.73	316	2	84.76
285	1	80.27	317	4	47.18
286	2	73.76	318	4	65.6
287	3	129.55	319	2	74.3
288	3	121.09	320	3	144.33
289	3	112.36	321	2	93.27
290	2	100.14	322	2	265.58
291	2	79.04	323	2	95.05
292	2	73.03	324	4	66.82

续表

样本编号	发展阶段	评价结果	样本编号	发展阶段	评价结果
325	1	108.44	356	4	95.37
326	2	82.61	357	2	102.5
327	2	88.42	358	3	148.01
328	4	61.56	359	3	143.98
329	3	160.87	360	2	115.74
330	4	127.17	361	2	99.36
331	2	97.28	362	2	100.48
332	3	132.51	363	2	102.04
333	2	101.23	364	4	125.74
334	1	126.19	365	2	128.02
335	4	74.76	366	2	108.06
336	2	87.86	367	2	112.12
337	3	125.85	368	3	144.38
338	3	142.53	369	3	134.92
339	1	75.61	370	4	97.73
340	4	89.8	371	3	161.21
341	4	91.35	372	2	104.91
342	3	126.86	373	3	177.91
343	2	103.83	374	2	111.28
344	2	95.75	375	2	110.66
345	1	75.3	376	1	92.88
346	3	142.29	377	2	114.28
347	3	135.95	378	2	115.09
348	2	94.39	379	2	110.41
349	4	86.2	380	2	111
350	4	97.55	381	4	127.19
351	2	109.82	382	2	122.45
352	2	103.28	383	2	122.45
353	2	100.88	384	4	17.9
354	2	112.19	385	1	95.95
355	4	104.26	386	4	56.37

任何一个样本企业都可以借助唯一特征雷达图清晰了然地反映其所在联盟核心企业网络能力的情况。图4-11是样本1企业所在联盟核心企业的网络能力结构及水平，其中11个半径轴代表11个二级指标，每个轴上标度从0到7，扇形圆心角的弧度数与权重对应。由于样本1处于变革期，所以选择变革期权重对圆周进行分割，黑色实心点代表样本1该项能力的得分值。

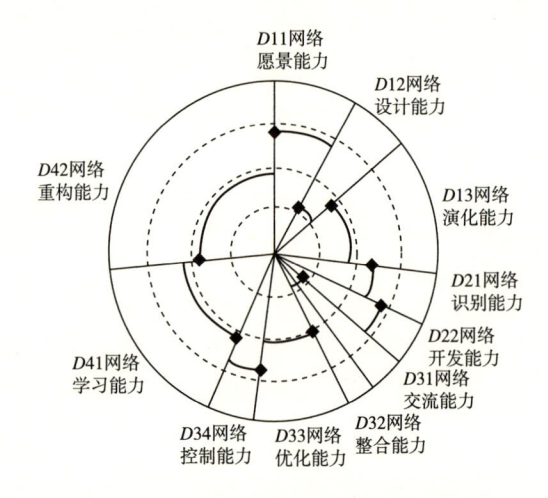

图4-11 样本1企业所在联盟基于唯一特征雷达图的核心企业网络能力结构及水平

第五章 联盟核心企业网络能力提升路径研究

前面章节基于联盟生命周期理论，重点研究核心企业网络能力认识、测量以及评价，解决了核心企业网络能力界定、度量以及测评等问题。本章将围绕如何提升核心企业网络能力展开分析，从生命周期理论视角出发，基于联盟所处的发展阶段，有针对性地提出核心企业提升网络能力的路径及策略，理论上可以填补现有网络能力研究的不足，实践上可以切实地提升联盟及联盟核心企业的竞争力。因此，针对核心企业网络能力的提升路径和培育策略的研究极具理论意义和实践价值。

本章将首先提炼影响核心企业网络能力的关键影响因素，利用路径分析得到对网络能力各维度影响最显著的因素，最后根据分析结果，给出在联盟生命周期不同阶段中核心企业网络能力提升的策略。

第一节 核心企业网络能力影响因素

在前文对网络能力影响因素的研究综述中不难发现，核心企业网络能力受到诸多因素的影响，有宏观层面的经济环境、技术环境、社会文化、所处行业特点和体制制度等环境、制度、技术方面的因素，有联盟网络层面的网络地位、网络规模、联系强度、网络结构、网络文化等方面的因素,还有企业层面的企业组织结构、文化、资源、知识存量、企业规模、战略定位及人员管理等因素,当然也包括一些企业内部个体层面的因素,例如,企业家个体的特质、战略思维、领导力水平等。这些因素都不同程度地影响着核心企业网络能力的培育及其作用的发挥。

但是本章对企业网络能力影响因素的研究,重点是为核心企业网络能力的提升找到切实可行的路径和策略,即影响因素的探索必须服务于能力的提升。所以,本章将从网络能力提升的视角去探索那些联盟核心企业在有限时段内可以提升改变的因素,通过研究这些可改善因素对企业网络能力各维度的影响机制,找到核心企业网络能力的提升路径。因此,基于这一原则,本书在前人研究的基础上,对外界环境、制度、技术等因素,以及核心企业短期内无法切实改变的因素进行筛选过滤,得到联盟核心企业有提升可能性的关键影响因子,分析它们对网络能力各维度的作用机理,最终得到提升的路径和策略。

一 企业家领导力

领导力是一种能率领和引导他人朝着一定方向前进的能力,这种能力会激励人们跟随领导到达要去的地方,而不是简单地服从。国内外许多学者对领导力的内涵维度进行了探索,[168~170]其中,比较有影响力且有中国样本代表性的是中国社会科学院的霍国庆等学者提出的"领导力五力模型",认为企业家领导力包括前瞻力、感召力、影响力、决断力以及控制力。[171]其中,前瞻力是对企业和联盟未来发展的预见能力;感召力是感染他人和企业对其追随的能力;影响力是对他人和企业决策的干预能力;控制力是控制目标实现过程的能力;决断力是果断做出正确选择的能力。在核心企业居主导地位的联盟中,核心企业相对于其他成员在联盟目标的追求和发展的引导等诸多方面都承担着更多的责任,核心企业的领导力水平直接影响联盟合作的效果,而核心企业的领导力很大程度上是企业家个体领导力的延伸。[172~175] 所以，本研究认为企业家领导力对核心企业网络能力有显著的影响，相关的研究也证实了这一推断。Lumpkinnad & Dess (2001) 认为企业家领导力是企业家导向的一个重要方面，对企业构建战略关系，开展联盟活动具有显著影响；[172] 马钢、马庆国等学者对浙江两个产业集群的研究发现企业家导向是企业网络能力的重要影响因素。[40] 李贞、张体勤等学者的研究认为企业家的决策力、控制力等对不断探寻技术创新的联盟模式、选择构建联盟的最佳时机、开发和利用加入创新联盟后的各种机会有显著的积极影响。[176] 本书参考领导力的五力模型，将其进一步凝炼为控制力和引领力两个因素，其中控制力对应五力模型中的影响力和控制力，而引领力则对应感召力、前瞻力和决断力。

二 内部资源配置

内部资源配置是核心企业在联盟内进行交流互动所需要的各种内部资源的情况，是核心企业发展、培育网络能力的基础，主要包括财物、人员以及信息等方面的资源。其中，财物资源包括财和物两部分，是核心企业在网络管理过程中开展诸如信息获取、沟通交流、实地考察等各项活动，所需的资金支持以及物质支持；人力资源是核心企业在网络管理过程中可以利用的人员数量和质量状况；信息资源是核心企业网络管理中信息收集整理的状况。Ritter et al. (1999)、Hofer & Sehendel (1978)、Ritter 和 Gemunden (2003) 等学者在相关研究中，从不同视角分别指出内部资源配置状况对企业网络能力的影响，认为网络能力需要财物、人力、信息等内部资源的支持。[37,109,177] 徐金发等 (2001)、马刚 (2004) 等学者分别基于中国背景的研究证实了人、财、物等方面的配置对企业联盟合作效果有直接的影响，因为丰富而高质的资源有利于企业做出正确的决策，保证联盟的正常运行。[39,41]

内部资源配置方面的差异给联盟企业带来的不同影响是显而易见，尤其是联盟核心企业的差异，影响效应就愈发突出。有的企业在对联盟伙伴的考察、洽谈、沟通和信息渠道等方面缺乏足够的准备和资源配置，导致企业在联盟拓展和管理方面存在很多问题；有的企业针对重要的战略合作专门成立沟通协调、推动进展的项目小组；有的企业根据联盟合作的需要专门开发相应的信息管理系统，提供及时丰富的信息资源，为企业网络能力的提升创造了条件。因此，内部资源的配置是企业网络能力形成和发展的重要物质载体，也是提升核心企业网络能力的重要落脚点。

三 组织文化开放度

组织文化是组织发展过程中形成的具有组织特色的文化观念、行为模式和制度规范，是企业内部共同认可的行为准则和价值信仰。组织文化的开放性强调文化的包容、接纳，它与以控制、稳定为特征的文化相对。开放性高的文化氛围更利于企业家精神的发挥，利于员工发挥工作积极性和创造性。这对核心企业与联盟伙伴之间建立战略合作关系和强化关系管理都具有十分重要的作用。当组织缺乏一种系统开放的文化视野时，过分强调对组织的程序化管控，管理模式容易陷入封闭僵化，这会制约员工的积极性和创造性，从而束缚企业对外交流合作活动的有效开展。而开放性的组织文化使核心企业可以更好地吸纳联盟中的优势资源和技术，开展充分的学习交流，在资源和能力相互促进的过程中企业网络能力也得到提升。已有实证研究证实了文化开放度对网络能力的影响。例如，Noorderhaven 等学者的研究证实开放的组织文化将促进联盟交流活动；[178] Ritter 等学者的实证研究也证实了两者的显著正向关系；国内学者方面，徐金发（2001）、马刚（2005）、周密（2010），以及韦春北、刁兆峰（2012）等学者都从不同角度验证了组织文化开放度对网络能力的影响。[39,41,112,116]

四 沟通结构整合度

Ritter（1999）等学者在网络能力影响因素的相关研究中首次提出沟通结构的概念，并指出它是一种组织内部门间信息沟通的方式。[37]而沟通结构整合度则是对组织内部互动水平的描述。良好的沟通结构整合度使组织信息、数据的传递更加准确到位，从而有利于组织内部达成一致的意见，为联盟管理工作的顺利开展提供保证（Calantone et al.，2002）。Ritter 和 Gemunden 在 2003 年的实证研究中证实了之前的研究设想，检验了组织沟通结构整合度与网络能力的显著正向关系。[109]国内学者马刚（2005）对企业内部的沟通机制研究发现，企业沟通的便捷顺畅对网络能力的提升有显著影响；[41]方刚（2008）基于战略网络的视角以浙江产业区为样本验证了沟通结构整合度对网络能力的影响。[45]Kristian 和 Senja（2003）的研究中指出，联盟中需要一个协调各方关系，促成联盟内部达成更密切合作的网络协调者，而能够胜任这一角色的企业必须具备较强的愿景能力、很好的沟通技能以及在联盟内足够的可信性和号召力，通常由联盟核心企业承担。[144]因此，尤其对于核心企业而言，沟通结构整合度的提升对联盟内部交流互动活动的开展有直接、显著的影响。

五 组织学习氛围

本书对于核心企业网络能力的研究从能力提升的思路出发，期望通过对网络能力影响因素的探索，找到提升核心企业网络能力的路径，而关于培育和提升企业能力最为突出的理论是能力的资源基础理论和组织学习理论，其中，能力的资源基础理论已经在内部资源配置的要素中有所体现。基于能力的组织学习理论本书提炼出一个企业网络能力的关键影响因素，就是组织学习氛围。组织学习氛围来自于学习型组织概念，和组织学习、组织氛围两个概念相关，是指组织为了实现发展目标围绕信息和知识技能提升采取的各种行动的共同知觉和体验。良好的组织学习氛围使员工更乐意帮助他人学习,更乐意分享知识与经验。Kandemir(2005)认为良好的组织学习氛围可以从系统导向、团队导向、学习导向、记忆导向四个方面构建。系统导向是组织建立一个强调创新,鼓励员工系统思考的战略愿景;团队导向是鼓励员工相互合作、互动学习;学习导向是组织对学习行为的奖励引导;记忆导向是鼓励组织内部的知识共享行为。Kandemir 指出这四个行为导向对组织学习氛围来说都是不可或缺的,它们相互关联、相互促进。1999 年 Molle & Halinen 在相关研究中指出,企业在产业网络层面的网络愿景能力与企业的组织学习结构紧密相关;[107]国内学者陈学光(2007)在相关研究中提出组织学习对企业网络能力的提升有显著的积极影响,并以浙江高新技术企业联盟为例验证了这一结论。[179]

六 核心企业声誉

企业声誉是利益相关者对企业的感知,包含了对企业的了解与情感倾向等(Balmer, 2006)。Fombrun & Van Riel(2007)通过实证调查证明声誉的重要性,认为企业声誉可以影响利益相关者的关键决策,形成企业竞争优势。[180~181]在联盟环境下,核心企业的声誉不但在联盟网络的构建阶段对合作伙伴的选择发挥重要作用,在联盟网络管理过程中,声誉也是获得协同效应的重要机制,是影响核心企业网络能力的重要因素。Tirole(1996)通过对联盟企业声誉的研究发现,认为联盟集体声誉是个体声誉的集合,并指出核心企业的声誉是战略联盟可持续发展的重要基础;[182]Kennes & Schiff(2002)从声誉信息价值出发,认为声誉作为信号甄别的依据,可以降低信息不对称,从而提高联盟运作效率。[183]国内学者方面,李维安(2009)在研究中小企业联盟网络时指出,声誉是网络合作关系中的专用性投入,快捷的信息传播使合作双方更加注重自己及合作伙伴的声誉;[184]宝贡敏、徐碧祥（2006）分析了企业声誉在企业构建联盟过程中所起的作用，并运用非对称信息市场理论、博弈论、交易费用理论和资源基础理论对此进行了解释；[117]高艳慧等学者（2012）研究了企业声誉对联盟稳定性的影响，用囚徒困境模型分析联盟成员间的合作竞争关系，结果表明声誉机制使得联盟合作企业间机会主义行为降低；[185]彭正银（2003）指出在中小企业联盟网络中，声誉可以通过提供关于信任度与意愿度的信息，减少行为的不确定性，增强联盟个体间互动的有效性。[186]

七 网络导向的人员管理

网络化导向的人员管理是核心企业在联盟网络运营中人员管理上的网络化匹配程度，体现在人才选拔、发展以及评价的网络化考量等方面。首先，人才选拔的网络化导向是指组织在对外合作交流部门的人员选拔中，将交流沟通能力、网络构建能力、网络管理经验等项目作为职位说明书、任职资格描述的重要内容，以此为标准进行选拔，[37,109]这是新员工引进时网络化导向的体现。对于组织中的现有员工，要提高他们对外合作交流的能力，保证网络任务的有效执行，还要不断加强必要的知识技能，例如，沟通交流技能、专业知识水平、商务谈判能力等，这些知识技能的提升在一定程度上可以通过形式各异的培训来实现，这是人力资源管理中人员发展的网络导向。人员评价导向则是将网络关系管理和网络任务执行的过程和成果作为对相关人员工作考核的重要指标，并将考核结果与人力资源管理的其他模块结合（Lambent, shanna, Levy, 1997）。网络化导向的人员管理有利于组织内从事网络化管理的相关人员任职资格的提升，保证联盟网络任务的高效开展。国内外学者对此也进行了实证验证。例如，Ritter等学者通过德国的样本企业验证了网络化导向的人员管理与网络能力的显著关系；徐金发等（2001）的相关研究指出文化的开放性可以为企业网络能力提供良好的组织氛围；[38]韦春北、刁兆峰以广西制造业企业为对象验证了文化开放度对网络能力的影响。[116]

第二节 核心企业网络能力影响机制的实证研究

一 网络能力提升路径研究的假设模型构建

根据前文的讨论，本书初步归纳了七个可能影响网络能力的前因变量：企业家领导力、内部资源配置、组织文化开放度、沟通结构整合度、组织学习氛围、核心企业声誉以及网络导向的人员管理。本节将分别验证上述七个影响因子对核心企业网络能力的四个维度的影响机制。因此，相关假设的提出和模型构建如下。

（一）核心企业网络规划能力影响机制

假设1-1：企业家领导力对核心企业网络规划能力的大小有显著的积极影响；

假设1-2：内部资源配置对核心企业网络规划能力的大小有显著的积极影响；

假设1-3：组织文化开放度对核心企业网络规划能力的大小有显著的积极影响；

假设1-4：沟通结构整合度对核心企业网络规划能力的大小有显著的积极影响；

假设1-5：组织学习氛围对核心企业网络规划能力的大小有显著的积极影响；

假设1-6：核心企业声誉对核心企业网络规划能力的大小有显著的积极影响；

假设1-7：网络导向的人员管理对核心企业网络规划能力的大小有显著的积极影响。

核心企业网络规划能力影响机制见图5-1。

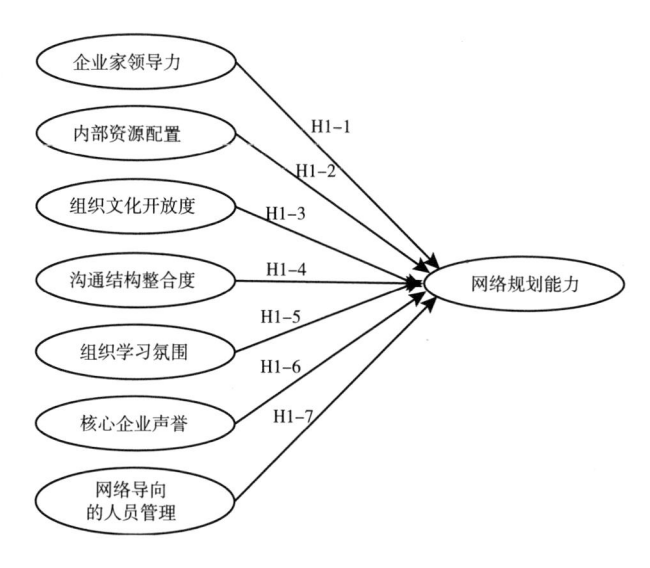

图 5-1 核心企业网络规划能力影响机制

(二) 核心企业网络构建能力影响机制

假设 2-1：企业家领导力对核心企业网络构建能力的大小有显著的积极影响；

假设 2-2：内部资源配置对核心企业网络构建能力的大小有显著的积极影响；

假设 2-3：组织文化开放度对核心企业网络构建能力的大小有显著的积极影响；

假设 2-4：沟通结构整合度对核心企业网络构建能力的大小有显著的积极影响；

假设 2-5：组织学习氛围对核心企业网络构建能力的大小有显著的积极影响；

假设 2-6：核心企业声誉对核心企业网络构建能力的大小有显著的积极影响；

假设 2-7：网络导向的人员管理对核心企业网络构建能力的大小有显著的积极影响。

核心企业网络构建能力影响机制见图 5-2。

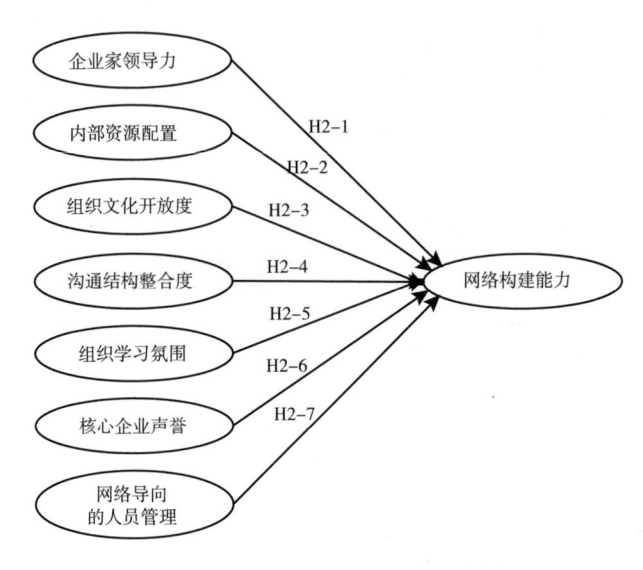

图 5-2 核心企业网络构建能力影响机制

(三) 核心企业网络管理能力影响机制

假设 3-1：企业家领导力对核心企业网络管理能力的大小有显著的积极影响；

假设 3-2：内部资源配置对核心企业网络管理能力的大小有显著的积极影响；

假设 3-3：组织文化开放度对核心企业网络管理能力的大小有显著的积极影响；

假设 3-4：沟通结构整合度对核心企业网络管理能力的大小有显著的积极影响；

假设 3-5：组织学习氛围对核心企业网络管理能力的大小有显著的积极影响；

假设 3-6：核心企业声誉对核心企业网络管理能力的大小有显著的积极影响；

假设 3-7：网络导向的人员管理对核心企业网络管理能力的大小有显著的积极影响。

核心企业网络管理能力影响机制见图 5-3。

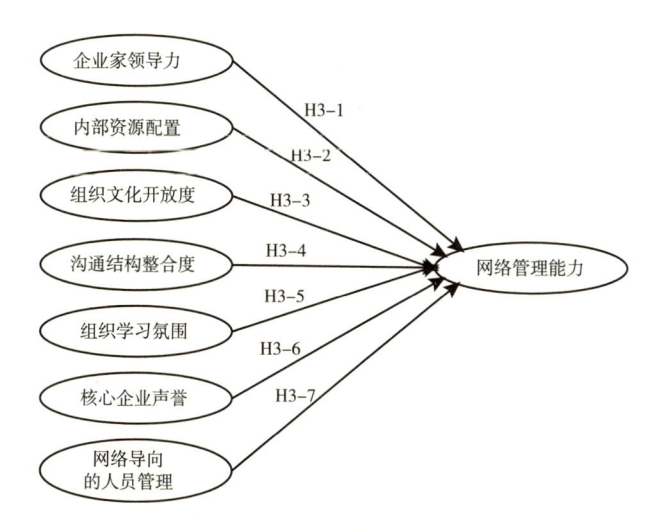

图 5-3 核心企业网络管理能力影响机制

(四) 核心企业网络变革能力影响机制

假设 4-1：企业家领导力对核心企业网络变革能力的大小有显著的积极影响；

假设 4-2：内部资源配置对核心企业网络变革能力的大小有显著的积极影响；

假设 4-3：组织文化开放度对核心企业网络变革能力的大小有显著的积极影响；

假设 4-4：沟通结构整合度对核心企业网络变革能力的大小有显著的积极影响；

假设 4-5：组织学习氛围对核心企业网络变革能力的大小有显著的积极影响；

假设 4-6：核心企业声誉对核心企业网络变革能力的大小有显著的积极影响；

假设 4-7：网络导向的人员管理对核心企业网络变革能力的大小有显著的积极影响。

核心企业网络变革能力影响机制见图 5-4。

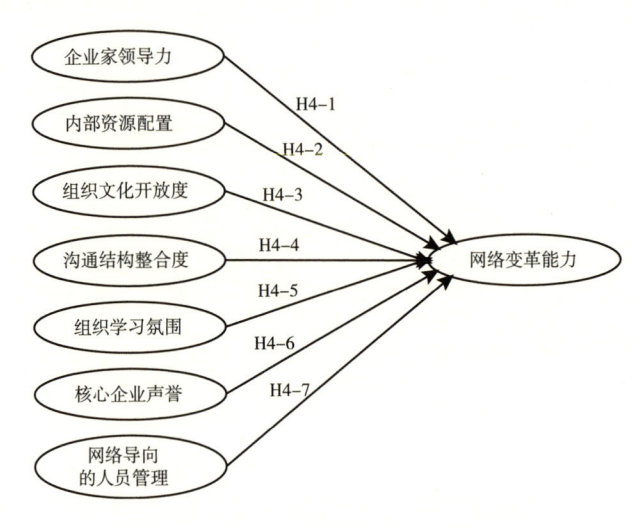

```
                              H4-1
   企业家领导力
                              H4-2
   内部资源配置
                              H4-3
   组织文化开放度
                              H4-4      网络变革能力
   沟通结构整合度
                              H4-5
   组织学习氛围
                              H4-6
   核心企业声誉
                              H4-7
   网络导向
   的人员管理
```

图 5-4 核心企业网络变革能力影响机制

二 网络能力提升的关键影响因素测量及信度、效度分析

(一) 网络能力提升中关键影响因素的测量

本书选择企业家领导力、内部资源配置、组织文化开放度、沟通结构整合度、组织学习氛围、核心企业声誉以及网络导向的人员管理七个变量作为核心企业网络能力影响因素,其测度指标如表 5-1 所示。

表 5-1 核心企业网络能力影响因素测度量

变量	维度	测量指标	参考依据
企业家领导力	引领力	我能根据现实环境与条件做出正确的发展战略; 环境发生变化时,能做出正确的决策以适应环境发展需要;做出战略改变时,追随者会保持一致	Jambulingam,T.,ET. AL(2005); Lumpkin G. T. et. al (2001); Lee,S. M. & Peter,S. J. (2000)
	控制力	我对追随者的要求,他们能很好地执行与完成; 我能约束追随者的行为	

续表

变量	维度	测量指标	参考依据
内部资源配置	财务支持	我们很少由于缺钱而取消对合作者的必要考察；我们很少因为缺钱而取消一些合作交流项目的开展	Hofer, Schendel (1978); Jaworski, Kohli (1993); Ritter 等 (1999, 2003); 马刚(2005)
	物质支持	合作伙伴从来没有抱怨过我们的办公设施和沟通方式；我们企业设置了有利于员工相互讨论的工作环境,如会议室、咖啡间等	
	人事安排	我们有从事对外合作交流工作的职能部门和专职人员；我们的合作伙伴很容易联系到我们的相关部门和人员	
组织文化开放度	文化的开放度	我们的企业很有活力,员工不怕风险、敢于创新；我们靠员工自发的创新热情来增强凝聚力	Deshpande 等 (1993); Schein(1992); Dyer, Kale Singh (2001); 马刚(2005)
	文化的正式度	我们的企业十分正规,有一套严密的规章制度来规范员工的行为；我们的企业靠规章制度和政策措施凝聚人心；我们的企业关注持久性和稳定性,有效稳定的生产最为重要	
沟通结构整合度	正式沟通	我们企业不同部门的员工之间很容易相互交流和沟通；我们企业鼓励员工熟悉本部门以外的工作程序和相关情况	Jambulingam, T., ET. AL (2005); Lumpkin G. T. et. al(2001); Lee, S. M. & Peter, S. J. (2000)
	非正式沟通	我们的工作人员都能以有效而愉快的方式传递通知和交流信息；工作场合以外,我们企业的工作人员之间也经常进行一些交流和沟通；我们安排一些非正式活动,增强各部门人员之间的了解	

续表

变量	维度	测量指标	参考依据
组织学习氛围	学习导向	负责对外交流的员工基本同意学习能力是改进对外交流合作过程的关键； 我们的共识是：一旦我们停止学习，我们的未来就会面临危险； 我们将员工的学习视为投资，而不是成本	Hult, Ferrell (1997); Baker, Sinkula (1999); Slater, Narver (1994)
	记忆导向	我们通过一整套机制来保证在对外交流合作过程中获得的经验能在项目小组、事业部和团队之间分享； 我们通过组织交谈使获得的经验得以传承	
	团队导向	在对外交流合作过程中，我们员工具有共同目标； 企业的各个层级、各个职能部门和负责对外交流合作的各部门有共同的远大抱负	
	系统导向	负责对外交流合作的员工清楚地知道公司所有对外交流合作各环节之间的联系； 负责对外交流的员工都明白对外交流合作过程的整体价值链，并知道怎样将工作融入其中； 公司对对外交流合作过程中的所有活动进行了清晰界定	
核心企业声誉	能力	该公司在其市场中是处于领先的竞争者； 就我所知，该公司在国内得到广泛认可； 我相信该公司运营良好	Formbrun & Riel (2004); Manfred (2004); Dowling (2004); 徐金发、刘靓 (2005); 笔者访谈
	情感	与其他公司相比，我更支持该企业； 与其他公司相比，如该公司不存在了，我更会觉得遗憾； 我认为该公司是令人喜欢的	
网络导向的人员管理	人员选拔	我们的人力资源部门在选拔人员时很看重其关系处理能力和实际公关经验； 在职业发展过程中，我们更多的优秀人才被选拔和吸引到对外交流合作的队伍中来	Lambent, Sharma, Levy, (1997); Ritter 等 (1999, 2003); 马刚 (2005)
	人员发展	我们企业很重视对外合作交流人员的相关技能的培训； 我们企业从事对外合作交流人员的待遇和地位都不错	
	人员评估	对从事对外合作交流工作的人员的考核与合作方对他的评价有较大关系； 我们对从事对外合作交流的人员有充分的激励措施	

(二) 网络能力提升中关键影响因素的信度分析

网络能力提升中关键影响因素的信度分析利用 Cronbach's alpha 系数的方法进行检测，数据处理结果如表 5-2 所示。

表 5-2　核心企业网络能力影响因素信度数据处理结果

变量	维度	Cronbach's alpha 值
企业家领导力	引领力	0.789
	控制力	0.823
内部资源配置	财务支持	0.778
	物质支持	0.809
	人事安排	0.749
组织文化开放度	文化的开放度	0.771
	文化的正式度	0.856
沟通结构整合度	正式沟通	0.789
	非正式沟通	0.846
组织学习氛围	学习导向	0.754
	记忆导向	0.889
	团队导向	0.763
	系统导向	0.814
核心企业声誉	能力	0.798
	情感	0.834
网络导向的人员管理	人员选拔	0.787
	人员发展	0.818
	人员评估	0.769

(三) 网络能力提升中关键影响因素的效度分析

本部分采用因子分析法分别对企业家领导力、内部资源配置、组织文化开放度、沟通结构整合度、组织学习氛围、核心企业声誉以及网络导向的人员管理的测度量表进行效度分析，结果如表 5-3 所示。

表 5-3 核心企业网络能力影响因素效度检测结果

量表	KMO值	Bartlett 卡方值	因子载荷	累计方差解释率(%)	显著性水平	备注
企业家领导力	0.897	1789.341	0.679 0.708	69.545	0.000	0.679、0.708 为引领力和控制力因子载荷的最小值
内部资源配置	0.830	1883.429	0.653 0.719 0.651	59.897	0.000	0.653、0.719、0.651 为财务支持、物质支持和人事安排因子载荷的最小值
组织文化开放度	0.824	1688.798	0.645 0.738	65.238	0.000	0.645、0.738 为文化开放度因子载荷的最小值
沟通结构整合度	0.798	1921.552	0.724 0.677	63.769	0.000	0.724、0.677 为正式沟通、非正式沟通因子载荷的最小值
组织学习氛围	0.798	2587.116	0.622 0.713 0.636 0.643	69.233	0.000	0.622、0.713、0.636、0.643 为学习导向、记忆导向、团队导向、系统导向因子载荷的最小值
核心企业声誉	0.807	1638.243	0.563 0.629	57.785	0.000	0.563、0.629 为能力和情感因子载荷的最小值
网络导向的人员管理	0.842	1353.759	0.559 0.581 0.611	68.972	0.000	0.559、0.581、0.611 为人员选拔、人员发展、人员评估因子载荷的最小值

三 网络能力提升路径影响机制分析

(一) 网络规划能力的影响拟合模型

企业家领导力、内部资源配置、组织文化开放度、沟通结构整合度、组织学习氛围、核心企业声誉以及网络导向的人员管理对核心企业网络规划能力影响因素的路径系数如表 5-4 和图 5-5 所示。

表 5-4 核心企业网络规划能力影响因素路径系数

序号	关系	标准化路径系数	C.R. 值	P	假设支持结果
	假设路径结果				
1	企业家领导力——→网络规划能力	0.458	3.263	**	支持
2	内部资源配置——→网络规划能力	0.358	3.104	**	支持
3	组织文化开放度——→网络规划能力	0.304	2.755	***	支持
4	沟通结构整合度——→网络规划能力	0.211	2.141	**	支持
5	组织学习氛围——→网络规划能力	0.267	2.728	***	支持
6	核心企业声誉——→网络规划能力	0.254	2.546	**	支持
7	网络导向的人员管理——→网络规划能力	0.219	2.331	***	支持

注:* 表示 $P<0.05$,** 表示 $P<0.01$,*** 表示 $P<0.001$。

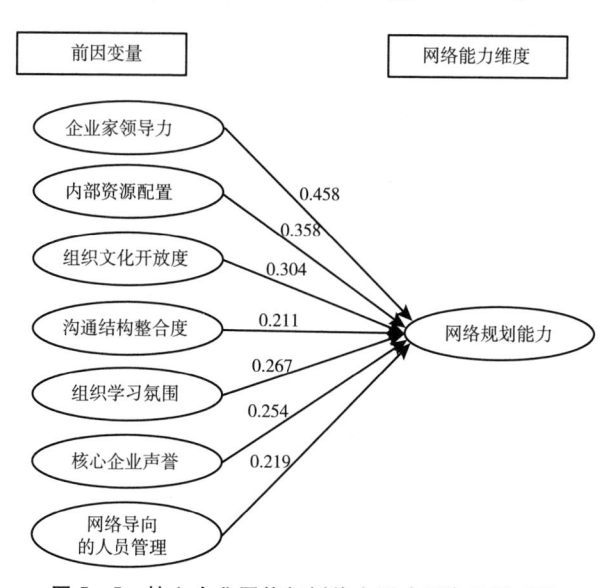

图 5-5 核心企业网络规划能力影响因素路径系数

从路径系数及临界值等结果来看，企业家领导力、内部资源配置、组织文化开放度、沟通结构整合度、组织学习氛围、核心企业声誉以及网络导向的人员管理对核心企业网络规划能力都具有显著正向影响，模型拟合系数都在标准要求范围内，如表5-5所示。

表5-5　核心企业网络规划能力影响因素的拟合系数

X^2/df	RMR	RMSEA	GFI	AGFI	CFI	NFI	IFI
1.642	0.085	0.089	0.909	0.915	0.924	0.901	0.919

（二）网络构建能力的影响拟合模型

企业家领导力、内部资源配置、组织文化开放度、沟通结构整合度、组织学习氛围、核心企业声誉以及网络导向的人员管理对核心企业网络构建能力影响因素的路径系数如表5-6和图5-6所示。

表5-6　核心企业网络构建能力影响因素的路径系数

序号	关系	标准化路径系数	C.R.值	P	假设支持结果
假设路径结果					
1	企业家领导力——网络构建能力	0.288	2.698	**	支持
2	内部资源配置——网络构建能力	0.326	2.864	**	支持
3	组织文化开放度——网络构建能力	0.391	3.119	***	支持
4	沟通结构整合度——网络构建能力	0.274	2.524	**	支持
5	组织学习氛围——网络构建能力	0.255	2.013	***	支持
6	核心企业声誉——网络构建能力	0.443	3.243	**	支持
7	网络导向的人员管理——网络构建能力	0.329	2.901	***	支持

注：* 表示 $P<0.05$，** 表示 $P<0.01$，*** 表示 $P<0.001$。

从路径系数及临界值等结果来看，企业家领导力、内部资源配置、组织文化开放度、沟通结构整合度、组织学习氛围、核心

前因变量 网络能力维度

企业家领导力 0.288
内部资源配置 0.326
组织文化开放度 0.391
沟通结构整合度 0.274
组织学习氛围 0.255
核心企业声誉 0.443
网络导向的人员管理 0.329

网络构建能力

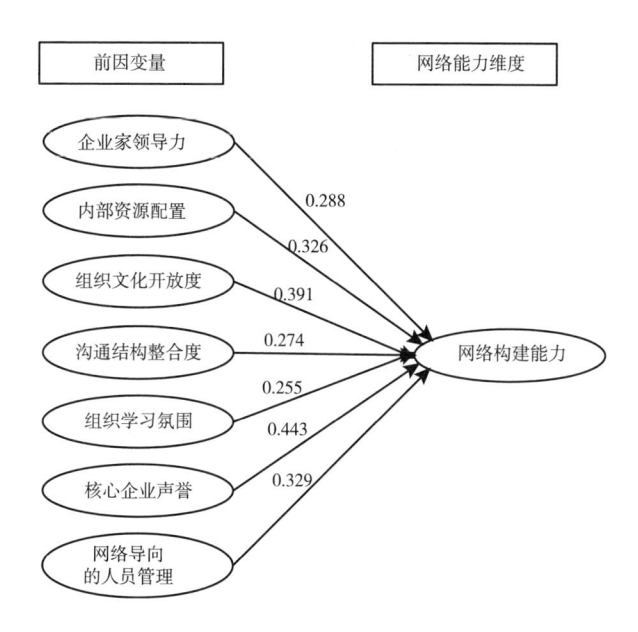

图 5-6 核心企业网络构建能力影响因素的路径系数

企业声誉以及网络导向的人员管理对核心企业网络构建能力都具有显著的积极影响，模型拟合系数都在标准要求范围内，其拟合系数如表 5-7 所示。

表 5-7 核心企业网络构建能力影响因素的拟合系数

X^2/df	RMR	RMSEA	GFI	AGFI	CFI	NFI	IFI
1.602	0.032	0.419	0.934	0.957	0.922	0.909	0.949

（三）网络管理能力的影响拟合模型

企业家领导力、内部资源配置、组织文化开放度、沟通结构整合度、组织学习氛围、核心企业声誉以及网络导向的人员管理对核心企业网络管理能力影响因素的路径系数如表 5-8 和图 5-7所示。

表 5-8 核心企业网络管理能力影响因素的路径系数

序号	关系	标准化路径系数	C.R. 值	P	假设支持结果
假设路径结果					
1	企业家领导力⟶网络管理能力	0.297	2.331	**	支持
2	内部资源配置⟶网络管理能力	0.365	2.765	**	支持
3	组织文化开放度⟶网络管理能力	0.311	2.589	***	支持
4	沟通结构整合度⟶网络管理能力	0.522	3.210	**	支持
5	组织学习氛围⟶网络管理能力	0.369	2.873	***	支持
6	核心企业声誉⟶网络管理能力	0.272	2.237	**	支持
7	网络导向的人员的管理⟶网络管理能力	0.478	3.094	***	支持

注：* 表示 $P<0.05$，** 表示 $P<0.01$，*** 表示 $P<0.001$。

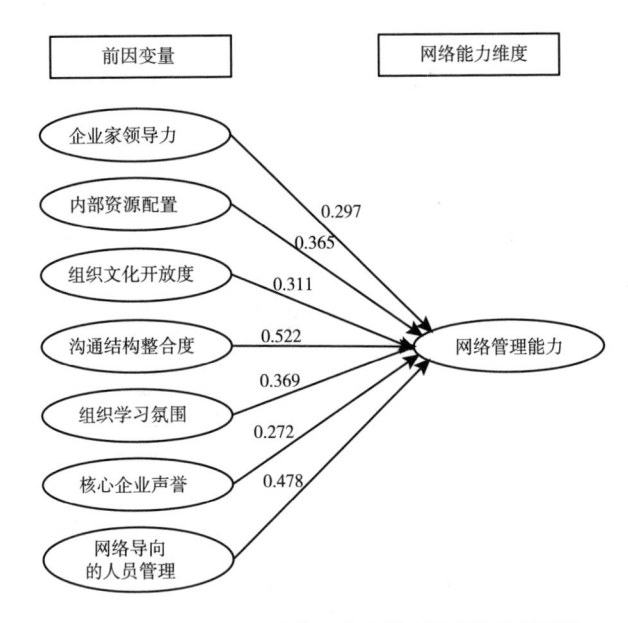

图 5-7 核心企业网络管理能力影响因素的路径系数

从路径系数及临界值等结果来看，企业家领导力、内部资源配置、组织文化开放度、沟通结构整合度、组织学习氛围、核心企业声誉以及网络导向的人员管理对核心企业网络管理能力都具有显著的积极影响，模型拟合系数都在标准要求范围内，如表 5-9 所示。

表 5-9 核心企业网络管理能力影响因素的拟合系数

X^2/df	RMR	RMSEA	GFI	AGFI	CFI	NFI	IFI
1.598	0.042	0.249	0.955	0.902	0.926	0.908	0.917

（四）网络变革能力的影响拟合模型

企业家领导力、内部资源配置、组织文化开放度、沟通结构整合度、组织学习氛围、核心企业声誉以及网络导向的人员管理对核心企业网络变革能力影响因素的路径系数如表 5-10 和图 5-8 所示。

表 5-10 核心企业网络变革能力影响因素的路径系数

序号	关系	标准化路径系数	C.R. 值	P	假设支持结果
假设路径结果					
1	企业家领导力——→网络变革能力	0.419	2.988	**	支持
2	内部资源配置——→网络变革能力	0.338	2.754	**	支持
3	组织文化开放度——→网络变革能力	0.314	2.641	***	支持
4	沟通结构整合度——→网络变革能力	0.291	2.579	**	支持
5	组织学习氛围——→网络变革能力	0.455	3.017	***	支持
6	核心企业声誉——→网络变革能力	0.208	1.998	**	支持
7	网络导向的人员管理——→网络变革能力	0.254	2.256	***	支持

注：* 表示 $P<0.05$，** 表示 $P<0.01$，*** 表示 $P<0.001$。

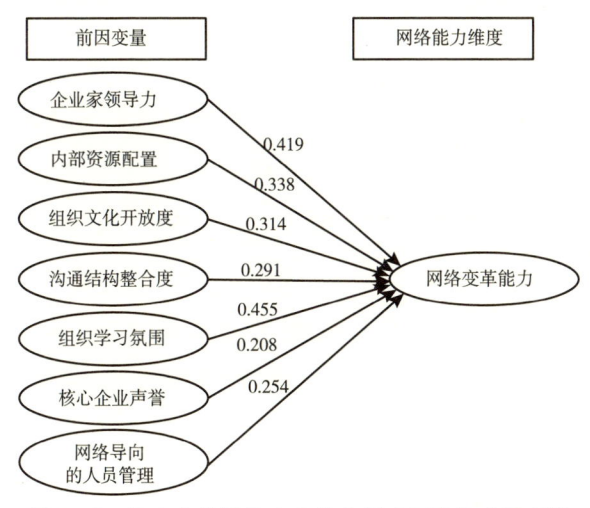

图 5-8 核心企业网络变革能力影响因素的路径系数

从路径系数及临界值等结果来看，企业家领导力、内部资源配置、组织文化开放度、沟通结构整合度、组织学习氛围、核心企业声誉以及网络导向的人员管理对核心企业网络变革能力都具有显著的积极影响，模型拟合系数都在标准要求范围内，其拟合系数如表5-11所示。

表5-11 核心企业网络变革能力影响因素的拟合系数

X^2/df	RMR	RMSEA	GFI	AGFI	CFI	NFI	IFI
1.862	0.037	0.156	0.928	0.936	0.908	0.927	0.904

因此，本书对核心企业网络能力四个维度的路径分析发现，针对不同的能力维度，关键影响因素所起的影响作用在程度上是有差异的。归纳本节分析结果得到关键影响因素在核心企业网络能力不同维度上的影响力排序，如表5-12所示。

表5-12 关键影响因素在网络能力不同维度上的影响力排序

网络能力维度 关键影响因素	网络规划能力	网络构建能力	网络管理能力	网络变革能力
企业家领导力	1	5	6	2
内部资源配置	2	4	4	3
组织文化开放度	3	2	5	4
沟通结构整合度	7	6	1	5
组织学习氛围	4	7	3	1
核心企业声誉	5	1	7	7
网络导向的人员管理	6	3	2	6

第三节 基于联盟生命周期的核心企业网络能力提升策略

联盟合作的成败与企业网络能力有密不可分的关系，而核心企业作为联盟网络中的龙头老大，网络能力水平的高低，对联盟的影响也更为深远,因此,核心企业网络能力的提升对联盟合作的成功有着至关重要的作用。根据前文理论分析和实证论证,我们发现,在联盟网络的不同发展阶段,网络关系也会发生变化,核心企业对整体网络的作用,以及作用的方式都有所不同,本部分基于生命周期的视角,针对不同生命周期阶段研究核心企业网络能力的提升策略,这一研究更有针对性,改进效果也将更显著。

借助前文的分析发现,在联盟网络不同的发展阶段,核心企业网络能力的各个维度发挥的作用有所变化,有些能力维度对该阶段联盟合作的成败起着更为关键的作用。我们在对网络能力影响因素分析的过程中也发现,不同能力要素对不同能力维度的影响力度有所区分,通过因素分析,我们把在核心企业网络能力四个维度下,发挥更显著作用的影响因素提炼出来,以便联盟核心企业提升网络能力时有所侧重,能够以最直接、最快速、最有效的方式,用最小的资源投入得到最大程度的能力提升。

一 结网期的核心企业网络能力提升策略

通过对核心企业网络能力不同维度影响机制的分析,本书发现在联盟网络结网期对网络能力提升发展发挥最关键作用的是企业家领导力和内部资源配置,因此在这个阶段,在这两方面做出改进对于网络能力的提升效率是最高的。在具体提升策略上,本书给出了一些可行的建议。

第一,提高企业家领导力。核心企业的企业家个人领导力对于网络能力的提升非常重要,可以说他们是联盟网络的织网人,尤其是在结网阶段,联盟网络的构建在很大程度上是企业家推动与能力积累的结果。对于企业家领导力的提升,本书依旧从控制力和引领力两方面能力的提升入手。企业家控制力主要是指企业家个人对追随者和情景的影响力以及在整个过程当中的控制力,所以要增强控制力，企业家个人就要严于律己，提高品格和修为，增强个人才干。工作中，要以身作则，例如，带头认真完成自己的工作，在困难面前永不低头，勇于承认自己的错误，敢于指出别人的错误并热情地帮助他改正，等等，都有利于提高个人威信，增强个人的控制力，能够培养企业家这种基于个人魅力而非职位权威带来的组织控制能力。引导力主要指企业家的战略前瞻以及决策等方面的能力，企业家要善于对企业联盟发展做出战略规划，并有目的、有意识、系统地开发联盟网络，具体内容包括联盟网络长期愿景和目标的确立、成员企业以及利益相关者的目标整合、联盟网络内外部环境分析、领导者个人的想象力和创造力的发挥等。同时还要培养决断能力，在瞬息万变的竞争环境中，首先要培养的就是快速决策的能力，企业家要有"春江水暖鸭先知"的敏锐嗅觉，审时度势，跑在环境变化之前，赢得先机；其次要培养准确决策的能力，在纷繁的利益面前，准确地找到自己的蛋糕，扬长避短，有效联合；最后要提高科学决策的能力，引导形成一种快速有效、科学系统的决策机制。

第二，内部资源配置。有效的联盟网络必须实现内部资源与外部资源的充分衔接，在这个过程中，支持网络化合作开展的财物资源、人力资源以及信息资源是必不可少的。其中，财物资源包括物质资源和财务资源两个方面，比如，为了促进内部交流，准备会议室、会议设备、公共休息室，为外部信息交流、信息获取提供必要的信息技术，协调联盟内部企业合作活动、执行网络管理任务所需要的财务资源，如旅行费用等。人力资源方面，比如，核心企业需要建立相应的联盟协调管理部门，建立相应的规范，并配备专门的人员，负责联盟内部的沟通协调等任务，提高联盟合作的广度和深度。联盟管理专职人员大致可以分为对外管理员和对内协调员两类，其中，对外管理员主要肩负联盟构建以及联盟关系维系等方面的任务，面向联盟内的其他成员企业；对内协调员主要负责协调企业内部的资源和能力，从企业内部保证联盟合作活动的顺利开展,在一定程度上协助对外管理员,确保企业间合作顺利。同时,建立基于联盟的共享信息技术的流程,管理联盟网络的规范制度,这些都是保证有效互动的必要措施。此外,为了避免任务重复和信息滞后带来的影响,对信息资源的配置必不可少,提高信息配置的准确性和有效性,能够减低沟通中的信息误差,打破单个企业的信息瓶颈,促进信息的转移和共享,提高网络资源利用率。

二 发展期的核心企业网络能力提升策略

在发展期发挥最关键作用的两个影响要素是核心企业声誉和文化开放度,在具体提升策略上,本书给出如下建议。

第一,培育核心企业声誉。声誉是企业的无形资产,是实现战略性竞争优势的重要工具,对于联盟核心企业而言,声誉更是吸引和选择合作伙伴的独特资本,也是其带领联盟在市场竞争中快速突出重围的利剑。对于核心企业声誉的培育,本书提出以下几点建议。首先,培育在利益相关者中的声誉,对于企业而言,培育声誉的第一步就是找出企业的利益相关者,并与其建立积极联系。核心企业要在利益相关者中建立自己的良好声誉,必须在日常沟通中积极联系,最大限度地满足利益相关者的各种诉求,提升他们对企业的满意度,与利益相关者共同构建一致的价值体系,最大限度地得到利益相关的支持和配合。其次,加强品牌声誉的管理,将企业、产品等相关信息及时准确地传达出去,提高品牌曝光度,并借助广告和联合营销攻势,建立在受众人群中的品牌独特性,保持品牌推广中的真实性和透明度。最后,建立行为声誉,宣传是声誉构建的第一步,主要在于提高认知度,但是真正良好声誉的建立取决于企业做了什么,这才是根本。企业管理者、员工言行以及企业行为,如政策制定等,都要充分考虑对企业声誉的影响,像维护人的脸面一样维护企业的声誉;对于已经出现的声誉危机,要果断处理,积极应对,尽量将危机消灭在萌芽中，避免事态扩大。

第二，提升组织文化开放度。组织文化开放度对网络能力的影响早在 Ritter（2002）的研究中就有证实，本书在中国情景下的研究，也证实了这一结论。核心企业对组织文化开放度的提升可以从包容性、人性化以及个性这三个方面入手。首先，提升组织文化包容性，对于联盟网络内其他企业文化的有益部分予以接纳，吸收其中有益的成分，丰富自身文化元素，并在这个过程中，借助自己作为核心企业的便利条件，影响成员企业文化，将自身文化中的营养元素渗透到联盟中；其次，组织文化要以人为本，倡导创新，联盟网络形成的原因各不相同，但是其根本原因和核心工作就是创新，核心企业要引导联盟网络成员塑造开放的创新文化，将创新活动从企业黑箱转移到网络共同创造的轨道上来，同时对于创新还要有宽容的态度，允许创新失败，并能适应环境的变化；最后，联盟网络中，企业在文化的相互融合之外，也要保持一定的个性，保持自己核心的东西，保持自己的鲜明特性，这既是企业生存之本，也是企业联盟彼此间选择合作最看重的要素。

三 稳定期的核心企业网络能力提升策略

稳定期发挥最关键作用的两个要素是沟通结构整合度和网络导向的人员管理，在具体提升策略上，本书给出如下建议。

第一，提高沟通结构整合度。沟通结构整合度的提升有利于改善联盟网络运行效率，提升核心企业网络能力。对于核心企业而言，可从以下几个方面入手改善沟通结构整合度。其一，重视与联盟其他企业管理者之间的沟通。联盟网络是基于战略需要而采取的一种组织形式，战略意图的执行和落实必须有高层管理者之间的信息互动，否则整个联盟网络的沟通质量会大大降低。作为联盟网络的中枢结点，核心企业的管理者承担更多的责任，具体而言，比如，经常拜访联盟其他成员企业管理者，创造条件组织联盟网络内管理者坦诚交流，让彼此了解对联盟网络遇到的各种问题和事件的态度以及要采取的措施，保持沟通的开放性，增强相互间的信任。跨组织沟通中，管理者的频繁沟通是联盟协同合作顺利开展的前提，也是成员关系得以维系的重要保证。其二，提升网络管理者的沟通技能。联盟网络的核心企业组织相关人员承担跨组织的沟通与协调功能，被称为网络管理者。作为联盟网络的连接和协调的使者，网络管理员的沟通技巧对沟通结构整合度的提升是至关重要的。沟通技巧的提升，首先，要学会积极聆听，聆听是沟通的第一步，不仅可以了解对方的想法，也能满足对方倾诉的心理需求；其次，要学会有效表达，表达观点时，多提建议，少提主张，做到对事不对人，让对方准确理解的同时注意表达方式，适度妥当并恰如其分；最后，还需要有效地反馈，多从正面进行积极的反馈，对于已经发生的问题，及时修正，尽量减少事后的负面反馈。其三，善用各种沟通技术。必要的技术手段是实现信息交流和知识共享的渠道，缺乏这种手段将会降低知识、信息的沟通意愿（Hendriks，1999）。因此，核心企业要牵头，一方面，要利用现代通信技术工具，建立联盟内部企业间的交流流程，建立全方位、多种形式的沟通渠道，提高沟通的质量和效率；另一方面，可以借助虚拟网络的形式为联盟网络内成员创造交流信息、共享知识的机会，推动联盟创新活动。其四，沟通制度化。沟通制度化强调联盟网络需要有一定的沟通制度体系，网络成员共同遵守这些沟通规程或行为准则。在跨组织的沟通中，只有制度化，才能使沟通在联盟内形成一种惯性，使信息和知识在联盟内流动互补，最终形成一种长期有效的沟通范式。其五，长期关系导向。长期关系导向是一种长期稳定合作的战略心态。这种心态有利于联盟网络成员团结互信，增强沟通，有助于成员间建立规范的共赢合作关系。

第二，加强网络导向的人员管理。网络导向的人员管理强调核心企业在联盟管理中要注重人员网络化能力的导向，主要体现在人员选拔、人员发展和人员评价工作上，提升企业人力资源管理网络导向也可以从这三个方面入手。第一，人员选拔方面，企业在招聘人员尤其是网络管理人员时，将交流沟通能力、网络管理经验等项目作为评判候选人的重要条件，例如，在职位说明书和任职资格描述中，将一些相关能力素质项目作为基本任职要求，在招聘选拔时，利用人事测评技术判断候选人的性格特质中交际性、亲和性等特质的情况，利用无领导小组讨论等方式考察候选人在交往中处理解决问题以及人际协调的能力等，积极融合多种技术手段，从新晋人员开始就保证人员在网络关系中的能力；第二，在人员发展上，核心企业要通过公司内部培训和外部培训双管齐下的方式，加强对谈判能力、专业能力以及沟通交流技巧等方面能力素质的培训，尤其是对于联盟网络中跨组织交流比较集中的岗位和网络管理人员更要因人而异设置一些培训项目，避免因为人员网络关系能力方面的障碍影响核心企业网络能力的发挥和联盟合作的成效；第三，在人员评价方面，企业重视员工某项技能的最好的表达方式就是在评价体系中体现出倾向性，核心企业将联盟网络管理和网络任务执行的过程和成果作为对相关人员的重要评价指标，并将评价结果与员工绩效、薪酬、职位晋升等其他激励手段结合起来，使相关人员在网络关系方面的绩效表现提升到充分的高度。

四　变革期的核心企业网络能力提升策略

通过分析不难发现，对于变革期核心企业网络能力提升起最大作用的是学习氛围和企业家领导力。对于企业家领导力的提升策略在前文中已经分析，这里不再赘述，以下对于如何营造良好的学习氛围提出一些见解。

成员企业加入联盟网络最重要的目的之一就是通过联盟有效提升自身的核心能力，联盟内良好的学习氛围是企业达成这一目的的重要因素。良好的学习氛围，营造一种相互学习、合作共赢的环境，减少信息沟通和转换的成本，有利于知识的创造和共享，从而能不断提升个人和组织的知识水平，有效实现核心知识和技能的增长，达成企业能力提高的目的。对于核心企业而言，良好学习氛围的营造，可以从以下四个方面入手。

第一，鼓励学习行为，一方面，企业要定期组织培训，包括对公司内部组织沉淀知识、技能的培训，也包括一些外部培训，引导员工学习新知识、新技能；另一方面，要引导员工开展基于工作需要的自主学习，包括向书本学习，向他人学习等，通过开展对工作直接有效技能的学习，提高业务能力。

第二，要鼓励交流和分享行为，个人或组织在知识、技术交流过程中，出于对自有知识优势的保护，会回避一些交流和分享行为，影响联盟合作的效果，核心企业及管理者应该身体力行，鼓励自主地学习、交流、分享知识和技能，建立共同愿景，增强联盟网络凝聚力，破除交流分享中的习惯性防卫。

第三，营造创新氛围，尊重、鼓励、激励任何形式与内容的创新活动，哪怕有些创新方法开始时显得非常幼稚、离奇、不合情理，哪怕有些创新活动事后的结果不能令人满意，甚至与初衷目标相差甚远。任何创新都是从开始不完善发展到最后的完善，而且只有在实践的发展中不断得以修正和补充才能最后得到完善。正因如此，企业应该非常重视创新理念、创新行为、创新活动，并给予保护和尊重，同时在经济方面、制度方面及其他方面还应该予以激励。

第四，鼓励团队合作，协调核心企业个体利益和联盟整体利益，兼顾企业目标和联盟目标，并且在联盟伙伴选择的过程中也注重伙伴企业合作文化的一致性，在联盟内部形成相互合作、彼此促进的文化氛围。

第六章 结论与展望

第一节 结论

在知识经济时代瞬息万变的市场环境下，企业通过联盟实现对信息、资源、市场、技术等各方面的整合，取长补短，快速打破发展瓶颈，提升竞争优势。联盟俨然成为现代企业获取竞争优势的一种重要手段。然而从实践上看，联盟合作的结果却不容乐观，成功率并不高。究其原因，企业网络能力水平是影响联盟合作成败的关键因素。而核心企业作为联盟的关键节点，其网络能力水平对联盟合作成败的影响更加显著。本书聚焦联盟核心企业，从生命周期的视角出发，围绕"核心企业网络能力的认识、评价、提升"三个关键问题展开研究。

首先，本书以生命周期理论为视角，对联盟网络的演化以及演化过程中核心企业的作用进行分析，为从联盟生命周期视角研究核心企业网络能力奠定理论基础。主要结论如下。

①联盟是一个动态发展的过程，像有机生命体一样存在从诞生、成长、成熟到衰退的过程。联盟发展在过程中始终与外界进行各种资源和能量的交换，并呈现一定的规律性，本书按照联盟发展的规律性将其分为结网期、发展期、稳定期和变革期四个阶段。

②联盟是在各种诱因和压力下自然发展的，这些因素中一类是促进联盟网络聚集、发展的向心力量，另一类是容易导致联盟网络退化甚至解体的离心力量。这两种相反的力量始终伴随着联盟发展的整个过程，并且在联盟发展的不同阶段发挥作用的强度和力量有所不同，两者的合力最终决定着联盟演化的性质和方向。

③在联盟发展的不同阶段，联盟表现出不同的特征，这些特征有助于对联盟生命周期进行判定。本书分别从核心企业、联盟技术、联盟网络、联盟外部和联盟发展五个变量对不同阶段的联盟特征进行梳理。其中，核心企业特征侧重联盟核心企业个体状况，其他四个变量关注联盟整体状况，联盟发展特征侧重对联盟动态趋势的关注。

④联盟演化过程中，核心企业始终发挥着主导作用，且在不同阶段作用的内容和方式有所差异。联盟在不同阶段的发展需求和面临的关键问题不同，为了克服这些发展障碍，核心企业在其中扮演的关键角色也不尽相同，其中，结网期核心企业主要是发起的领导者，发展期主要是选择的决策者，稳定期主要是冲突的协调者，变革期主要是创新的推动者。

其次，本书基于联盟生命周期的视角，实证了核心企业网络能力的结构维度，主要结论如下。

①在理论分析的基础上，本书梳理了网络能力内涵和结构的相关研究文献，探索性地提出核心企业网络能力的结构维度是一个二阶四维模型。一级维度包括网络规划能力、网络构建能力、网络管理能力和网络变革能力4个方面。其中，网络规划能力包括愿景塑造能力、结构设计能力和演化预测能力3个子维度；网络构建能力包括网络识别能力和网络开发能力2个子维度；网络管理能力包括网络交流能力、网络整合能力、网络优化能力和网络控制能力4个子维度；网络变革能力包括网络重构能力和网络学习能力2个子维度。共计11个二级指标。

②以核心企业网络能力的二阶四维结构为基础，本书设计联盟核心企业网络能力问卷量表，采用大样本调研收集数据，通过信度、效度分析，验证了问卷的有效性，借助探索性和验证性因子分析对核心企业网络能力的维度进行了修正，结果显示联盟不同发展阶段核心企业网络能力结构具有稳定性，并通过进一步的方差分析发现，联盟不同发展阶段对网络能力维度的影响存在差异。

再次，本书借助综合评价理论中的组合评价思想，分别设计了"基于熵权－支持向量机的联盟发展阶段识别"、"基于AHP－因子载荷的核心企业网络能力赋权"以及"基于唯一特征雷达图的核心企业网络能力的信息集成"三个模型实现核心企业网络能力的科学计量，并借助《联盟核心企业网络能力及联盟生命周期调查问卷》和《层次分析法评价指标权重专家调研表》收集数据，验证模型有效性与可行性。研究结论如下。

①综合考虑了联盟生命周期不同阶段的特征和已有研究成果，提出了联盟发展阶段识别的指标体系。该指标体系包括核心企业特征、联盟网络特征、联盟技术特征、联盟外部特征和联盟发展特征5个一级指标，以及12个二级指标。

②将联盟生命周期的判别问题看作模式识别问题，在回顾已有研究的基础上，设计了"基于熵权－支持向量机的联盟生命周期判别"模型。该模型首先采用熵权法对样本数据集进行预处理，放大不同样本间的特征差异；其次借助支持向量机对其进行分类训练，得到联盟生命周期的判别模型，其中，支持向量机的核函数选择径向基核函数，多分类模式采用偏态二叉树。

③针对联盟生命周期不同阶段核心企业网络能力的侧重点有所不同的结论，本书采用AHP－因子载荷方法，确立联盟不同发展阶段核心企业网络能力的组合权重。其中，主观权重采用层次分析法；客观权重采用因子载荷法。组合赋权的结果显示，结网期网络规划能力权重相对较高，发展期网络构建能力权重相对

较高，稳定期网络管理能力权重相对较高，变革期网络变革能力权重相对较高。

④设计了具有唯一特征的雷达图集成算子，实现核心企业网络能力评价指标值与组合权重的加权集成。该算子与简单加权（SWA）算子在本质上具有一致性，且更加形象直观地反映联盟核心企业网络能力的整体水平，易于对目标企业与标杆企业的相互比较。

最后，通过对核心企业网络能力前因变量的探索和实证研究，明晰了核心企业网络能力的提升路径和策略，主要结论如下。

①梳理已有研究成果，总结了影响核心企业网络能力的7个关键因素，分别是企业家领导力、内部资源配置、组织文化开放度、沟通结构整合度、组织学习氛围、核心企业声誉和网络导向的人员管理。

②基于路径分析方法，探索了7个关键因素对核心企业网络能力不同维度的作用机制。路径分析的结果显示，关键影响因素对网络能力不同维度影响的显著性水平存在差异，其中，对网络规划能力影响最显著的是企业家领导力和内部资源配置，路径系数分别是0.458、0.358；对网络构建能力影响最显著的是核心企业声誉和文化开放度，路径系数分别是0.443、0.391；对网络管理能力影响最显著的是沟通结构整合度和网络导向的人员管理，路径系数分别是0.522、0.478；对网络变革能力影响最显著的是学习氛围和企业家领导力，路径系数分别是0.455、0.419。

③基于本书建立的联盟不同发展阶段、核心企业网络能力维度以及能力影响关键因素之间的关系，可以提出联盟不同生命周期背景下企业网络能力提升的具体策略。例如，结网期核心企业网络能力的提升可以从培育企业家对企业及联盟的控制力、引领力以及科学准确的决策能力入手；发展期核心企业网络能力的提

升从核心企业在利益相关者、企业品牌以及企业行为三个方面的声誉建设入手；稳定期核心企业网络能力的提升从联盟企业管理者间、网络管理人员间的沟通机制建立和沟通技能提升入手；变革期核心企业网络能力的提升可以从对学习行为、交流分享行为的鼓励以及创新氛围的营造等方面入手。

第二节　创新点

（1）本书以联盟生命周期和联盟核心企业为切入点，来探索联盟网络构建和运营的有效性问题，弥补了已有研究对联盟网络动态演进性和核心企业关键作用关注不足的缺陷，从广度和深度上拓展了联盟理论和网络能力理论。

（2）从联盟生命周期视角出发，挖掘联盟核心企业网络能力的结构维度，丰富了网络能力理论。联盟情景下企业网络能力结构维度的研究存在两方面问题：一是关注网络能力通用模型，没有对联盟中不同地位的企业加以区分；二是没有考虑联盟生命周期对企业网络能力结构维度的影响。因此，本书聚焦联盟核心企业这一特殊组织群体，通过分析在联盟不同发展阶段核心企业扮演的关键角色，构建了核心企业网络能力的结构维度，并采用大样本数据调研和统计分析方法，验证了该结构维度的有效性，揭示了联盟不同发展阶段核心企业网络能力的内涵。

（3）构建了联盟核心企业网络能力动态评价模型，进一步提升了企业网络能力计量的准确性及科学性。已有文献对企业网络能力评价的研究多采用静态模型，并未很好地体现联盟环境对网络能力的影响。针对这一不足，本书提出了先定位发展阶段再评价网络能力的思路，即要衡量核心企业的网络能力必须明确其所处联盟的发展阶段，根据阶段确定核心企业网络能力各维度的权重，最后借助集成算子确定能力值和对应的权重集成。按照这一思路，本书分别设计了"基于熵权－支持向量机的联盟发展阶段识别模型"、"基于 AHP – 因子载荷的核心企业网络能力赋权模型"以及"基于唯一特征雷达图的核心企业网络能力的信息集成模型",这些模型的构建综合考虑了方法的先进性和对研究问题的适用性,实证研究的结果也显示模型可行有效。

(4)揭示了核心企业网络能力关键影响因素对网络能力不同维度的作用机制,并以此为基础,提出了在联盟生命周期不同阶段,核心企业网络能力的提升策略,为核心企业优化网络能力指明了方向。已有研究对企业网络能力前因变量的探索并没有在维度层面展开,缺乏对深层次作用机制的分析。因此,本书在梳理已有前因变量的基础上,探索了关键影响因素对核心企业网络能力不同维度的作用机制,并根据路径系数的大小,明确了联盟不同发展阶段影响网络能力的主要因素,针对这些主要影响因素,提出了联盟不同阶段下核心企业网络能力的提升策略,以帮助核心企业以最小的成本实现网络能力的提升。

第三节 不足与展望

综上所述,本书以生命周期理论为基础,围绕联盟核心企业网络能力的认识、评价、提升三个基本问题展开讨论,不仅为深入认识联盟核心企业网络能力提供了新的视角,而且通过若干理论分析和计量模型搭建生命周期、网络能力、影响因素之间的联系,为核心企业提升网络能力提供了切实可行的依据和思路。但是,受限于作者能力水平和研究条件,仍存在需要进一步研究的地方。

(1)缺少针对理论研究结果的案例研究。由于研究时间和资源等限制,本书没有将提出的网络能力评价及提升策略进行案例研究,若能够将理论和策略上的建议在某一具体的联盟核心企业中进行实证,并将其改进前后的能力水平进行比对,将更能凸显研究意义,也可以为模型的调整提供更有价值的信息。

（2）本研究在进行联盟核心企业调研取样时，既没有区分行业，也没有区分联盟的类型，这在一定程度上影响了研究的精度，例如，不同行业对企业规模、销售收入水平、联盟规模等变量的认识是有一定程度的差异的。如果可以区分行业细化联盟网络类型将进一步提高研究的实践意义以及研究成果的可落地性。

（3）本研究是基于生命周期理论对联盟核心企业网络能力展开的动态研究，但是由于研究时间、研究条件以及科研经费等的限制，在对联盟不同发展阶段数据的收集上，只能在一个横向截面上大量收集不同发展阶段的联盟核心企业的数据信息并对这些企业进行比对研究。如果条件允许，在不同发展阶段的数据收集上始终采用同一企业，研究效果和研究精度将更高。

值得特别说明的是，虽然本书还存在一些研究不足，但是这些研究不足恰恰给后续研究者提供了更深入分析的视角和方向，以在本书提出的框架的基础上进一步深化探索，使企业联盟和企业能力研究更加完善，研究成果的实践指导意义更强。

附录1　联盟核心企业网络能力及联盟生命周期调查问卷

尊敬的先生/女生：

　　您好！非常感谢您抽出时间填写本问卷，本问卷是北京航空航天大学经济管理学院设计并用于学术调研的一项工具，目的是了解企业在处理长期稳定合作关系方面的能力及相关问题。调研结果只做学术分析之用，不会用于其他商业活动，内容绝对保密，请您放心作答！

北京航空航天大学　经济管理学院

E-mail：qingniaoabc@163.com

问卷填写说明

　　★请根据贵单位跟合作企业的实际情况作答，在相应的表格里打"√"，所有题项均为单选，数字表示您认同的程度，其中，1. 绝对不符合；2. 不符合；3. 有点不符合；4. 不能确定；5. 有点符合；6. 基本符合；7. 完全符合；

　　以下各部分，请根据您企业的实际情况作答，非常感谢！！！

第一部分： 企业基本信息

1. 贵单位名称：＿＿＿＿＿＿＿
2. 贵单位所在省市：＿＿＿＿＿＿＿
3. 贵单位成立时间：
   □ 5年以下　　□ 6～10年　　□ 11～20年　　□ 20年以上
4. 贵单位人员规模
   □ 100人以下　　　□ 100～300人　　　□ 300～500人
   □ 500～1000人　　□ 1000～3000人　　□ 3000人以上
5. 贵单位的性质：
   □ 国有独资企业　　□ 三资企业　　□ 民营企业
   □ 国有控股企业　　□ 其他：＿＿＿＿＿
6. 贵单位所在行业
   □ 传统制造（机械制造、化工、食品加工、纺织、有色金属等）
   □ 高新技术产业（电子与信息技术、新材料、软件、生物制药、新能源等）
   □ 商贸　　□ 服务　　□ 科技　　□ 金融
   □ 房产　　□ 其他行业（请注明）＿＿＿＿＿
7. 贵单位2012年销售收入：
   □ 1000万以下　　□ 1000万～5000万　　□ 5000万至1亿
   □ 1亿～5亿　　　□ 5亿～10亿　　　　 □ 10亿以上
8. 贵单位所处发展阶段：
   □ 创业阶段　　□ 发展阶段　　□ 成熟阶段
   □ 衰退阶段
9. 贵单位有长期稳定关系的重要合作伙伴数：
   □ 0～5家　　　□ 6～10家　　□ 11～15家
   □ 16～20家　　□ 超过20家
10. 贵单位与合作伙伴之间的主要纽带（可多选）：

☐ 业务往来 ☐ 技术合作 ☐ 开发市场机会
☐ 品牌和技术特许 ☐ 血缘关系 ☐ 地理上接近
☐ 企业领导人之间的个人关系

第二部分： 联盟核心企业网络能力

• 联盟：两个或两个以上的企业，为实现某种共同的目标，在投资、科研、生产和开拓市场等方面建立较为稳固的长期合作伙伴关系；

• 核心企业：企业合作关系网络中，影响力较大，对网络中其他企业有协调控制作用的企业。

• 企业网络能力：企业掌控、利用和开发其外部网络关系，有效地管理企业的外部利益相关方和联合网络，从而确保企业在联盟领域获得持续的竞争优势的能力。

• 贵单位是否存在基于某种共同的目标而建立的长期合作伙伴？

A. 是　　　　B. 否

• 贵单位是否为该合作关系中的核心企业？

A. 是　　　　B. 否

注：以贵单位所在联盟现阶段具体情况为依据，对下列能力要素的符合程度给予打分；

下列问题中关于联盟、核心企业、企业网络能力的含义均按照如上解释理解打分。

若贵单位是核心企业，根据自己企业情况判定；若不是则根据与核心企业接触的情况判定；

核心企业网络能力	非常不符合——非常符合
1. 核心企业能够塑造联盟网络愿景与目标	1　2　3　4　5　6　7
2. 核心企业对企业联盟网络结构有总体的设计	1　2　3　4　5　6　7

续表

核心企业网络能力	非常不符合——非常符合
3. 核心企业能够预测联盟网络演化趋势	1　2　3　4　5　6　7
4. 核心企业能够有效寻找识别联盟网络合作伙伴	1　2　3　4　5　6　7
5. 核心企业通常主动与潜在合作伙伴建立合作关系	1　2　3　4　5　6　7
6. 核心企业善于通过合作获得更多新的合作伙伴	1　2　3　4　5　6　7
7. 核心企业与网络成员建立了共同的沟通模式	1　2　3　4　5　6　7
8. 核心企业与网络成员建立了很好的信任机制	1　2　3　4　5　6　7
9. 核心企业与网络成员建立了很好的争端解决机制	1　2　3　4　5　6　7
10. 核心企业善于有效整合网络合作伙伴的技术或其他资源	1　2　3　4　5　6　7
11. 核心企业经常交流、探讨如何在多元合作关系中产生协同效应	1　2　3　4　5　6　7
12. 核心企业在网络关系协调中,能充分考虑各个合作伙伴间潜在的依存关系	1　2　3　4　5　6　7
13. 核心企业能根据经验不断改进和完善网络中的合作流程	1　2　3　4　5　6　7
14. 核心企业根据经验持续性的深化和改善与合作伙伴的关系	1　2　3　4　5　6　7
15. 核心企业经常评估与伙伴合作的实际效果	1　2　3　4　5　6　7
16. 核心企业能对合作企业实施广泛影响	1　2　3　4　5　6　7
17. 核心企业经常组织网络内部交流合作的经验和知识	1　2　3　4　5　6　7
18. 核心企业善于利用现有的知识、技术,提出新的知识和技术	1　2　3　4　5　6　7
19. 核心企业能够定期回顾合作过程中的失误,避免发生类似错误	1　2　3　4　5　6　7
20. 联盟网络内已经形成了建立和解除合作关系的方式或程序	1　2　3　4　5　6　7
21. 核心企业能与合作伙伴一起做出调整来应对环境变化	1　2　3　4　5　6　7

第三部分： 联盟生命周期判定

• 联盟生命周期是指企业联盟从形成到衰亡的发展过程。本研究将其分为结网期、发展期、稳定期、变革期。

1. 您企业所在联盟内核心企业的规模？
   A. 很小　　　　　B. 较小　　　　　C. 一般
   D. 较大　　　　　E. 很大

2. 您企业所在联盟内核心企业所处的发展阶段？
   □ 创业阶段　　　□ 发展阶段　　　□ 成熟阶段
   □ 衰退阶段

3. 您企业所在联盟的规模？
   A. 很小　　　　　B. 较小　　　　　C. 一般
   D. 较大　　　　　E. 很大

4. 您企业所在联盟内企业专业化分工程度？
   A. 很低　　　　　B. 较低　　　　　C. 一般
   D. 较高　　　　　E. 很高

5. 您企业所在联盟的沟通协调机制是否完善？
   A. 很不完善　　　B. 较不完善　　　C. 一般
   D. 较完善　　　　E. 很完善

6. 您所在联盟内是否有知名品牌？
   A. 很少　　　　　B. 较少　　　　　C. 一般
   D. 较多　　　　　E. 很多

7. 您以为目前联盟内部在技术上是否已经成熟？
   A. 技术还相当落后　B. 较不成熟　　　C. 一般
   D. 较成熟　　　　E. 已经成熟

8. 您企业所在联盟内技术是否有创新？
   A. 很少　　　　　B. 较少　　　　　C. 一般

D. 较多　　　　　　E. 很多

9. 您认为政府和外部公共部门对联盟的扶持力度如何？

　　A. 无扶持　　　　B. 扶持力度小　　C. 扶持力度适中

　　D. 扶持力度较大　　E. 扶持力度很大

10. 您所在联盟目前的进入、退出壁垒如何？

　　A. 壁垒很低　　　　B. 壁垒较低　　　C. 一般

　　D. 壁垒较高　　　　E. 壁垒很高

11. 您认为所在联盟内人才或资金或技术外流现象是否严重？

　　A. 外流情况很严重　　B. 外流现象较严重

　　C. 外流和聚集现象都不明显

　　D. 无外流现象，并存在一定程度的聚集无外流现象相反大量向集群内聚集

12. 您认为所在联盟内企业退出联盟的现象是否严重？

　　A. 很严重　　　　　B. 较严重　　　　C. 一般

　　D. 无退出现象，反而有一定数量的企业加入

　　E. 无退出现象，有大量的企业加入

13. 您认为贵单位所在联盟处于生命周期的哪个阶段？

　　A. 结网期　　　　　B. 发展期　　　　C. 稳定期

　　D. 变革期

谢谢合作，结束！

附录2　联盟核心企业网络能力影响因素调研问卷

尊敬的先生/女生：

　　您好！非常感谢您抽出时间填写本问卷，本问卷是北京航空航天大学经济管理学院设计并用于学术调研的一项工具，目的是探讨核心企业网络能力的影响因素。调研结果只做学术分析之用，不会用于其他商业活动，内容绝对保密，请您放心作答！

北京航空航天大学　经济管理学院
E-mail：qingniaoabc@163.com

问卷填写说明

　　★请根据贵单位跟合作企业的实际情况作答，在相应的表格里打"√"，所有题项均为单选，数字表示您认同的程度，其中，1. 绝对不重要；2. 不重要；3. 有点不重要；4. 不能确定；5. 有点重要；6. 基本重要；7. 非常重要；

　　以下各部分，请根据您企业的实际情况作答，非常感谢！！！

第一部分： 企业基本信息

1. 贵单位名称：＿＿＿＿＿＿＿
2. 贵单位所在省市：＿＿＿＿＿＿＿
3. 贵单位成立时间：
   □ 5 年以下　　　□ 6～10 年　　　□ 11～20 年
   □ 20 年以上
4. 贵单位人员规模
   □ 100 人以下　　□ 100～300 人　　□ 300～500 人
   □ 500～1000 人　□ 1000～3000 人　□ 3000 人以上
5. 贵单位的性质：
   □ 国有独资企业　□ 三资企业　　　□ 民营企业
   □ 国有控股企业　□ 其他：＿＿＿＿＿
6. 贵单位所在行业
   □ 传统制造（机械制造、化工、食品加工、纺织、有色金属等）
   □ 高新技术产业（电子与信息技术、新材料、软件、生物制药、新能源等）
   □ 商贸　　　□ 服务　　　□ 科技　　　□ 金融
   □ 房产　　　□ 其他行业（请注明）＿＿＿＿＿
7. 贵单位 2012 年销售收入：
   □ 1000 万以下　　□ 1000 万～5000 万　□ 5000 万至 1 亿
   □ 1 亿～5 亿　　　□ 5 亿～10 亿　　　 □ 10 亿以上
8. 贵单位所处发展阶段：
   □ 创业阶段　　　□ 发展阶段　　　□ 成熟阶段
   □ 衰退阶段
9. 贵单位有长期稳定关系的重要合作伙伴数：
   □ 0～5 家　　　　□ 6～10 家　　　□ 11～15 家
   □ 16～20 家　　　□ 超过 20 家

10. 贵单位与合作伙伴之间的主要纽带（可多选）：
  □ 业务往来　　　□ 技术合作　　　□ 开发市场机会
  □ 品牌和技术特许　□ 血缘关系　　　□ 地理上接近
  □ 企业领导人之间的个人关系

第二部分： 联盟核心企业网络能力的影响因素

2011年1~8月中国大宗商品表观消费情况

核心企业网络能力影响因素	非常不重要——非常重要						
1. 我能根据现实的环境与条件做出正确的发展战略	1	2	3	4	5	6	7
2. 当环境发生变化时,能做出正确的决策以适应环境	1	2	3	4	5	6	7
3. 因发展需要做出战略改变时,追随者会毫不犹豫的保持一致	1	2	3	4	5	6	7
4. 我对追随者的要求,他们能很好地执行与完成	1	2	3	4	5	6	7
5. 我能约束追随者的行为	1	2	3	4	5	6	7
6. 我们很少由于缺钱而取消对合作者的必要考察	1	2	3	4	5	6	7
7. 我们很少因为缺钱而取消一些合作交流项目的开展	1	2	3	4	5	6	7
8. 合作伙伴从来没有抱怨过我们的办公条件和沟通设施	1	2	3	4	5	6	7
9. 我们企业设置了有利于员工相互讨论的工作环境,如会议室、咖啡间等	1	2	3	4	5	6	7
10. 我们有从事对外合作交流工作的职能部门和专职人员	1	2	3	4	5	6	7
11. 我们的合作伙伴很容易联系到我们的相关部门和人员	1	2	3	4	5	6	7
12. 我们的人力资源部门在选拔人员时很看重其关系处理能力和实际公关经验	1	2	3	4	5	6	7
13. 我们企业很重视对从事对外合作交流人员的相关技能的培训	1	2	3	4	5	6	7

续表

核心企业网络能力影响因素	非常不重要——非常重要
14. 在我们企业从事对外合作交流工作人员的待遇和地位都不错	1　2　3　4　5　6　7
15. 对从事对外合作交流交流工作的人员的考核与合作方对他的评价有较大关系	1　2　3　4　5　6　7
16. 我们对从事对外合作交流的工作人员有充分的激励措施	1　2　3　4　5　6　7
17. 在我们企业，不同部门的员工之间很容易相互交流和沟通	1　2　3　4　5　6　7
18. 我们企业鼓励员工熟悉本部门以外的工作程序和相关情况	1　2　3　4　5　6　7
19. 我们工作人员都能以有效而愉快的方式传递通知和交流信息	1　2　3　4　5　6　7
20. 工作场合意外，我们企业工作人员之间也经常进行一些交流和沟通	1　2　3　4　5　6　7
21. 我们也安排一些非正式活动，增强各部门人员之间的了解	1　2　3　4　5　6　7
22. 我们的企业很有活力和创新精神，员工不怕风险，敢于创新	1　2　3　4　5　6　7
23. 我们靠员工自发的创新热情来增强凝聚力	1　2　3　4　5　6　7
24. 我们的企业十分正规，有一套严密的规章制度来规范员工的行为	1　2　3　4　5　6　7
25. 我们的企业靠规章制度和政策措施凝聚人心	1　2　3　4　5　6　7
26. 我们的企业关注与持久性和稳定性，有效稳定地生产动作最为重要	1　2　3　4　5　6　7
27. 负责对外交流的员工基本同意学习能力是改进对外交流的合作过程的关键	1　2　3　4　5　6　7
28. 我们的共识是：一旦我们停止学习，我们的未来就会面临危险	1　2　3　4　5　6　7
29. 我们将员工的学习视为投资，而不是成本	1　2　3　4　5　6　7
30. 我们通过一整套机制来保证在对外交流合作过程中获得的经验能在项目小组、事业部和团队之间分享	1　2　3　4　5　6　7
31. 我们通过组织交谈使获得的经验得以传承	1　2　3　4　5　6　7

续表

核心企业网络能力影响因素	非常不重要——非常重要
32. 在对外交流合作过程中,我们员工具有共同目标	1　2　3　4　5　6　7
33. 企业的各个层级、各个职能部门和负责对外交流合作的各部门有共同的远大抱负	1　2　3　4　5　6　7
34. 负责对外交流合作的员工都清楚地知道公司所有对外交流合作各环节之间的联系	1　2　3　4　5　6　7
35. 负责对外交流的员工都明白对外交流合作过程的整体价值链,并知道怎样将工作融入其中	1　2　3　4　5　6　7
36. 公司对外交流合作过程中的所有活动进行了清晰的界定	1　2　3　4　5　6　7
37. 公司在其市场中是处于领先的竞争者	1　2　3　4　5　6　7
38. 就我所知,公司在国内得到广泛认可	1　2　3　4　5　6　7
39. 我相信该公司运营良好	1　2　3　4　5　6　7
40. 与其他公司相比,我更支持该企业	1　2　3　4　5　6　7
41. 与其他公司相比,如该公司不存在了,我更会觉得遗憾	1　2　3　4　5　6　7
42. 我认为该公司是个令人喜欢的	1　2　3　4　5　6　7
43. 在职业发展过程中,我们更多的优秀人才被选拔和吸引到对外交流合作的队伍中来	1　2　3　4　5　6　7

附录3　层次分析法评价指标权重专家调研表

尊敬的专家：

　　您好！非常感谢您在百忙之中抽出宝贵的时间参与我们的调查。为确定联盟核心企业网络能力评价指标的权重，设计本调查表，期望借助您的学识、经验及职业判断收集第一手资料，本人保证这些数据资料仅仅作为学术研究所用。感谢您的支持与合作！

北京航空航天大学　经济管理学院
E-mail: qingniaoabc@163.com

表1　核心企业网络能力评价权重设定表

标度	含义
1.00	表示两个因素相比,同样重要
3.00	表示两个因素相比,一个因素比另一个因素稍微重要
5.00	表示两个因素相比,一个因素比另一个因素明显重要
7.00	表示两个因素相比,一个因素比另一个因素强烈重要
9.00	表示两个因素相比,一个因素比另一个因素极端重要

注：① 2.00、4.00、6.00、8.00 表示上述相邻判断的标度的中间值；

②若元素 i 与元素 j 的重要性之比为 f_{ij}，那么元素 j 与元素 i 的重要性之比为 $f_{ji} = 1/f_{ij}$。

一 结网期-企业网络能力比较评分

表2 结网期-核心企业网络能力评价指标判别矩阵

		网络规划能力(D1)	网络构建能力(D2)	网络管理能力(D3)	网络变革能力(D4)
核心企业网络能力评价	网络规划能力(D1)				
	网络构建能力(D2)				
	网络管理能力(D3)				
	网络变革能力(D4)				

表3 结网期-网络规划能力评价指标判别矩阵

		愿景塑造能力(D11)	结构设计能力(D12)	演化预测能力(D13)
核心企业网络规划能力(D1)	愿景塑造能力(D11)			
	结构设计能力(D12)			
	演化预测能力(D13)			

表4 结网期-网络构建能力评价指标判别矩阵

		网络识别能力(D21)	网络开发能力(D22)
核心企业网络构建能力(D2)	网络识别能力(D21)		
	网络开发能力(D22)		

表 5　结网期－网络管理能力评价指标判别矩阵

		网络交流能力($D31$)	网络整合能力($D32$)	网络优化能力($D33$)	网络控制能力($D34$)
核心企业网络管理能力($D3$)	网络交流能力($D31$)				
	网络整合能力($D32$)				
	网络优化能力($D33$)				
	网络控制能力($D34$)				

表 6　结网期－网络变革能力评价指标判别矩阵

		网络学习能力($D41$)	网络重构能力($D42$)
核心企业网络变革能力($D4$)	网络学习能力($D41$)		
	网络重构能力($D42$)		

二　发展期——企业网络能力比较评分

表 7　发展期－核心企业网络能力评价指标判别矩阵

		网络规划能力($D1$)	网络构建能力($D2$)	网络管理能力($D3$)	网络变革能力($D4$)
核心企业网络能力评价	网络规划能力($D1$)				
	网络构建能力($D2$)				
	网络管理能力($D3$)				
	网络变革能力($D4$)				

附录3 层次分析法评价指标权重专家调研表 | 153

表8 发展期-网络规划能力评价指标判别矩阵

核心企业 网络规划 能力($D1$)		愿景塑造 能力($D11$)	结构设计 能力($D12$)	演化预测 能力($D13$)
	愿景塑造 能力($D11$)			
	结构设计 能力($D12$)			
	演化预测 能力($D13$)			

表9 发展期-网络构建能力评价指标判别矩阵

核心企业网络 构建能力($D2$)		网络识别能力($D21$)	网络开发能力($D22$)
	网络识别能力($D21$)		
	网络开发能力($D22$)		

表10 发展期-网络管理能力评价指标判别矩阵

核心企业 网络管理 能力($D3$)		网络交流 能力($D31$)	网络整合 能力($D32$)	网络优化 能力($D33$)	网络控制 能力($D34$)
	网络交流 能力($D31$)				
	网络整合 能力($D32$)				
	网络优化 能力($D33$)				
	网络控制 能力($D34$)				

表11 发展期-网络变革能力评价指标判别矩阵

核心企业 网络变革 能力($D4$)		网络学习能力($D41$)	网络重构能力($D42$)
	网络学习能力($D41$)		
	网络重构能力($D42$)		

三 稳定期——网络能力比较评分

表12 稳定期-核心企业网络能力评价指标判别矩阵

核心企业网络能力评价		网络规划能力(D1)	网络构建能力(D2)	网络管理能力(D3)	网络变革能力(D4)
	网络规划能力(D1)				
	网络构建能力(D2)				
	网络管理能力(D3)				
	网络变革能力(D4)				

表13 稳定期-网络规划能力评价指标判别矩阵

核心企业网络规划能力(D1)		愿景塑造能力(D11)	结构设计能力(D12)	演化预测能力(D13)
	愿景塑造能力(D11)			
	结构设计能力(D12)			
	演化预测能力(D13)			

表14 稳定期-网络构建能力评价指标判别矩阵

核心企业网络构建能力(D2)		网络识别能力(D21)	网络开发能力(D22)
	网络识别能力(D21)		
	网络开发能力(D22)		

表 15 稳定期－网络管理能力评价指标判别矩阵

		网络交流能力（D31）	网络整合能力（D32）	网络优化能力（D33）	网络控制能力（D34）
核心企业网络管理能力（D3）	网络交流能力（D31）				
	网络整合能力（D32）				
	网络优化能力（D33）				
	网络控制能力（D34）				

表 16 稳定期－网络变革能力评价指标判别矩阵

		网络学习能力（D41）	网络重构能力（D42）
核心企业网络变革能力（D4）	网络学习能力（D41）		
	网络重构能力（D42）		

四　变革期——企业网络能力比较评分

表 17 变革期－核心企业网络能力评价指标判别矩阵

		网络规划能力（D1）	网络构建能力（D2）	网络管理能力（D3）	网络变革能力（D4）
核心企业网络能力评价	网络规划能力（D1）				
	网络构建能力（D2）				
	网络管理能力（D3）				
	网络变革能力（D4）				

表 18　变革期 - 网络规划能力评价指标判别矩阵

核心企业 网络规划 能力($D1$)		愿景塑造 能力($D11$)	结构设计 能力($D12$)	演化预测 能力($D13$)
	愿景塑造 能力($D11$)			
	结构设计 能力($D12$)			
	演化预测 能力($D13$)			

表 19　变革期 - 网络构建能力评价指标判别矩阵

核心企业 网络构建 能力($D2$)		网络识别能力($D21$)	网络开发能力($D22$)
	网络识别能力($D21$)		
	网络开发能力($D22$)		

表 20　变革期 - 网络管理能力评价指标判别矩阵

核心企业 网络管理 能力($D3$)		网络交流 能力($D31$)	网络整合 能力($D32$)	网络优化 能力($D33$)	网络控制 能力($D34$)
	网络交流 能力($D31$)				
	网络整合 能力($D32$)				
	网络优化 能力($D33$)				
	网络控制 能力($D34$)				

表 21　变革期 - 网络变革能力评价指标判别矩阵

核心企业 网络变革 能力($D4$)		网络学习能力($D41$)	网络重构能力($D42$)
	网络学习能力($D41$)		
	网络重构能力($D42$)		

参考文献

[1] Danis, W., Chiaburu, D., & Lyles, M. The Impact of Managerial Networking Intensity and Market – based Strategies on Firm Growth During Institutional Upheaval: A Study of Small and Medium – sized Enterprises in a Transition Economy. *Journal of International Business Studies*, 2010 (41): 287 – 307.

[2] Achrol R. S., Changes in the Theory of Inter – organizational Relations in Marketing: a Network Paradigm. *Journal of the Academy of Marketing Science*, 25 (1), 1997: 56 – 71.

[3] 肖洪钧、赵爽、蒋兵:《后发企业网络能力演化路径及其机制研究——丰田的案例研究》,《科学学与科学技术管理》2009年第4期。

[4] Kohtamäki M., Partanen J., Parida V., et al. Non – Linear Relationship between Industrial Service Offering and Sales Growth: The Moderating Role of Network Capabilities. *Industrial Marketing Management*, 2013, 42 (8): 1374 – 1385.

[5] Johnsen T. Managing Interaction for Learning and Value Creation in Exchange Relationships: A Commentary. *Journal of Business Research*, 2012, 65 (2): 137 – 138.

[6] 彭新敏:《权变视角下的网络联结与组织绩效关系研究》,《科研管理》2009年第3期。

[7] Allee V., Taug J. Collaboration, Innovation, and Value Creation in a Global Telecom. *Learning Organization*, 2006, 13 (6): 569 – 578.

[8] Thorelli, H. Networks: Between Markets and Hierarchies. *Strategies Management Journal*, 1986, 7 (L): 37 – 51.

[9] Jarillo, J. On Strategic Networks. *StrategicManagement Journal*, 1988, 9 (L): 31 – 41.

[10] Powell Walter, W. Neither Market Nor Hierarchy: Network Forms of Organization. *Research in Organizational Behavior*, 1990, 12 (3): 295 – 336.

[11] Foss, N. J. Knowledge – based Approaches to the Theory of the Firm: Some Critical Comments. *Organization Science*, 1990, 7 (5): 470 – 476.

[12] Gomes – Casseres, B. Group Versus Group: How Alliance Networks Compete. *Harvard Business Review*, 1994, 72 (5): 62 – 64.

[13] Anand, B. N. & Khanna, T. S. Firms Learn to Create Value? the Case of Alliances. *Strategic Management Journal*, 2000 (3): 295 – 317.

[14] Miles, R. E. & Snow, C. C. Designing Strategic Human Resource Systems. *Organizational Dynamics*, 1984, 131: 36 – 52.

[15] Gulati, R. Network Location and Learning: The Influence of Network Resources and Firm Capabilities on Alliance Formation. *Strategic Management Journal*, 1999, 20 (5): 397 – 420.

[16] 刘东:《企业网络论》,中国人民大学出版社,2003。

[17] 嵇登科:《企业网络对企业技术创新绩效的影响研究》,硕士学位论文,浙江大学,2006。

[18] 林润辉、李维安：《网络组织——更具环境适应能力的新型组织模式》，《南开管理评论》2000年第3期。

[19] 慕继丰、冯宗宪、李国平：《基于企业网络的经济和区域发展理论》（上），《外国经济与管理》2001年第3期。

[20] 陈守明：《现代企业网络》，上海人民出版社，2002，第3~120页。

[21] Iansiti, M. & Levien, R. Strategy as Ecology. *Harvard Business Review*, 2004, 82 (3): 68-78.

[22] 迈克尔·波特：《国家竞争优势》，华夏出版社，2002，第58~69页。

[23] Yashino, M. & Rangan, U. Strategic Alliances: An Entrepreneurial Approach to Globalization. Massachusetts. *Harvard Business School Press*, 1995, 55-61.

[24] Teece D. J., Pisano G., Shuen A. Dynamic Capabilities and Strategic Management. *Strategic Management Journal*. 1997: 509-533.

[25] Teece D. J. Explicating Dynamic Capabilities: The Nature and Microfoundations of (Sustainable) Enterprise Performance. *Strategic Management Journal*, 2007, 28 (13): 1319-1350.

[26] Williamson, Oliver E. The Economic Institutions of Capitalism: Firms, Markets, Relational Contracting. *New York: The Free Press*, 1985: 231-245.

[27] Srikanth Paruchuri. Intraorganizational Networks, Interorganizational Networks, and the Impact of Central Inventors: A Longitudinal Study of Pharmaceutical Firms. *Organization Science*, 2010 (1): 134-142.

[28] 任胜钢：《企业网络能力结构的测评及其对企业创新绩效的影响机制研究》，《南开管理评论》2010年第1期，第49~57页。

[29] 贾卫峰、党兴华:《技术创新网络核心企业知识流耦合控制研究》,《科研管理》,2010年第1期,第38~44页。

[30] Dang X. H., Li Y. L., Zhang W., The Effect of Resource Heterogeneity and the Core Enterprise Formed in Technological Innovation Network. Studies in Science of Science, 2010 (2): 0-22.

[31] Agrawal, A., and Knoeber, C. R. Finn Performance and Mechanisms to Comrol Agency Problems between Managers and Shareholders. Journal of Financial and Quantitative Analysis, 1996 (3): 377-397.

[32] Lusseau D., Newman M. E. J., Identifying the Role That Animals Play in Their Social Networks. Proceedings of the Royal Society of London. Series B: Biological Sciences, 2004, 271 (Suppl 6): 477-481.

[33] 王燕妮:《汽车核心企业创新网络对创新绩效的影响机理研究》,北京工业大学,2013。

[34] 时云辉、李小建:《核心企业网络演变与区域发展研究》,河南大学,2009。

[35] 张伟峰、万威武:《企业创新网络的构建动因与模式研究》,《研究与发展管理》2004年第3期,第62~68页

[36] Hakansson H., Understanding Business Markets. New York: Croom Helm, 1987.

[37] Ritter, T., The Networking Company: Antecedents for Coping with Relationships and Networks Effectively. Industrial Marketing Management, 1999, 28: 467-479.

[38] 慕继丰、冯宗宪、陈方丽:《企业网络的运行机理与企业的网络管理能力》,《外国经济与管理》2001年第10期,第48~54页。

[39] 徐金发、许强、王勇:《企业的网络能力剖析》,《外国经

济与管理》2001 年第 11 期，第 41~47 页。

[40] Lechner, C. and Dowling, M. Firm Networks: External Relationships as Sources for the Growth and Competitiveness of Entrepreneurial Firms. *Entrepreneurship and Regional Development*, 2003, 15: 1 – 26.

[41] 马刚：《基于战略网络视角的产业区企业竞争优势实证研究——以浙江两个典型的传统产业区为例》，浙江大学，2005。

[42] Walter, A., Auer, M., & Ritter, T. The Impact of Network Capabilities and Entrepreneurial Orientation on University Spin – Off Performance. *Journal of Business Venturing*, 2006, 21: 541 –567.

[43] Hagedoorn, J., Roijakkers, N. & Van Kranenburg, H. Inter – Firm R&D Networks : the Importance of Strategic Network Capabilities for High – Tech Partnership Formation. *British Journal of Management*, 2006, 17: 39 –53.

[44] 邢小强、仝允桓：《网络能力：概念、结构与影响因素分析》，《科学学研究》2006 年第 2 期，第 558~563 页。

[45] 方刚：《基于资源观的企业网络能力与创新绩效关系研究》，浙江大学，2008。

[46] 乔尔·布利克、戴维·厄恩斯特：《协作型竞争》，中国大百科全书出版社，1998。

[47] 诺兰彼得、张瑾、刘春航：《全球商业革命——瀑布效应以及中国企业面临的挑战》，《北京大学学报：哲学社会科学版》2006 年第 2 期，第 132~135 页。

[48] 彭绍仲、李振华：《决定企业国际竞争力的主要因素》，《开放导报》2001 年第 1 期，第 7~11 页。

[49] 肖渡、沈群红：《产业资本与知识资本的合作——对东南大学无锡应用科学和工程研究院产学研模式的分析》，《科

研管理》1999年第6期，第39~46页。

[50] 黄敏学：《协作性竞争——网络经济时代竞争新形态》，《中国软科学》2000年第5期，第39~43页。

[51] 韩岫岚：《企业国际战略联盟的形成与发展》，《中国工业经济》2000年第4期，第55~61页。

[52] 张树义、雷星晖、李晓龙：《从网络战略联盟到战略联盟网络：企业战略联盟的演进路径及其对我国企业的启示》，《管理评论》2006年第8期，第33~39页。

[53] 秦斌：《企业战略联盟理论评述》，《经济学动态》1998年第9期，第63~66页。

[54] 赵红梅：《社会网络嵌入性视角下R&D联盟形成动因研究》，《科技管理研究》2009年第8期，第426~428页。

[55] 汪涛、李天林：《基于资源观的战略联盟动因综论》，《科研管理》2000年第6期，第68~74页。

[56] 肖冬平、顾新：《知识网络的形成动因及多视角分析》，《科学学与科学技术管理》2009年第1期，第84~91页。

[57] 黄映辉：《学习型组织的知识创新机理》，《辽宁师范大学学报：社会科学版》，2004年第2期，第16~19页。

[58] 雷光龙、冯晓研：《企业供应链风险管理》，《中国投资》2004年第9期，第101页。

[59] 罗头军、王安富：《企业联盟的动因及其政策动态一致性的博弈分析》，《汕头大学学报（自然科学版）》2002年第1期，第32~36页。

[60] 戴勇：《虚拟物流企业联盟的构建与管理》，博士论文，上海海运学院，2002。

[61] 顾元勋：《动态制造联盟的组织机理研究》，西安交通大学，2001。

[62] 战德臣、叶丹：《动态联盟企业模型》，《计算机集成制造系统》1999年第3期，第11~15页。

[63] Spekman, R. E., Isabella L. A., Macavoy T. C., et al. Creating Strategic Alliances Which Endure. Long Creating strategic alliances which endure (1996) by R E Spekman, L. A. Isabella, T. C. MacAvoy, T. Forbes Venue: Long Range Planning Saform. doc 11/10/98 1027STRATEGIC.

[64] 埃德·瑞格斯比：《发展战略联盟》，机械工业出版社，2003。

[65] Birnberg J. G. Control in Interfirm Co-operative Relationships. *Journal of Management Studies*, 1998, 35 (4): 421-428.

[66] 汪忠、黄瑞华：《合作创新的知识产权风险与防范研究》，《科学学研究》2005年第3期，第419~424页。

[67] 张青山、游明忠：《企业动态联盟的协调机制》，《中国管理科学》2003年第2期，第96~100页。

[68] 卢纪华、潘德惠：《基于技术开发项目的虚拟企业利益分配机制研究》，《中国管理科学》2003年第5期，第60~63页。

[69] 孙东川、叶飞：《动态联盟利益分配的谈判模型研究》，《科研管理》2001年第2期，第91~95页。

[70] 侯光明、刘存福：《中小民营企业集群：社会网络视角的分析》，《经济管理》2005年第5期，第14~17页。

[71] 李红玲、钟书华：《企业技术联盟效益及其分配》，《科学学与科学技术管理》2001年第6期，第7~10页。

[72] 吴宪华：《动态联盟的分配格局研究》，《系统工程》2001年第3期，第34~38页。

[73] Ossadnik W. AHP-based Synergy Allocation to Partners in a Merger. *European Journal of Operational Research*, 1996 (1): 42-49.

[74] 戴建华、薛恒新：《基于Shapley值法的动态联盟伙伴企业利益分配策略》，《中国管理科学》2004年第4期，第

33~36页。

[75] Margaret A. The Cornerstones of Competitive Advantage: A Resource – based View. *Strategic Management Journal*, 1993 (14): 64 – 73.

[76] 吴辉球:《企业动态联盟利润分配模型及其应用》,《长春工业大学学报(自然科学版)》2006年第1期,第36~42页。

[77] 叶飞、郭东风、孙东川:《虚拟企业成员之间利益分配方法研究》,《统计与决策》2000年第7期,第11~12页。

[78] 李红玲、钟书华:《企业技术联盟成本及其分配》,《科研管理》2001年第4期,第92~98页。

[79] 本杰明·古莫斯——卡瑟尔斯:《竞争的革命》,中山大学出版社,2000。

[80] 周二华、陈荣秋:《多企业联盟的博弈分析》,《华中理工大学学报》1999年第8期,第23~36页。

[81] 党兴华、郑登攀.:《技术创新网络中核心企业影响力评价因素研究》,浙江大学,2009。

[82] 项后军:《核心企业视角的产业集群与企业技术创新关系的重新研究》,《科研管理》2010年第4期,第173~180页。

[83] 项后军、江飞涛:《核心企业视角的集群竞——合关系重新研究》,《中国工业经济》,2010年第6期,第137~146页。

[84] Cheng F., Y. E. F., Yang J. Multiobjective Order Allocation Optimization Model of Horizontal Manufacturing Collaborative Alliance. *Computer Integrated Manufacturing Systems*, 2008, 14 (12): 2317 – 2322.

[85] 马士华、孙良云:《基于竞争优势的供应链核心企业能力评价研究》,重庆大学,2002。

[86] Bianconi G, BarabáSi A. L. Competition and Multiscaling in Evolving Networks. *EPL (Europhysics Letters)* , 2001, 54 (4): 436.

[87] Ottati G. D. Cooperation and Competition in the Industrial District as an Organization Model. *European Planning Studies*, 1994, 2 (4): 463 - 483.

[88] 徐向艺、刘慧:《虚拟企业: 知识经济条件下企业组织创新》,《财经研究》2000 年第 11 期, 第 3 ~ 8 页。

[89] Burt R. S. Network Items and the General Social Survey. *Social Networks*, 1984, 6 (4): 293 - 339.

[90] Owen - Smith J. , Powell W. W. Knowledge Networks as Channels and Conduits: The Effects of Spillovers in the Boston Biotechnology Community. *Organization Science*, 2004, 15 (1): 5 - 21.

[91] Agrawal A. , Cockburn I. The Anchor Tenant Hypothesis: Exploring the Role of Large, Local, R&D - intensive Firms in Regional Innovation Systems. *International Journal of Industrial Organization*, 2003, 21 (9): 1227 - 1253.

[92] Lorenzoni G. , Baden - Fuller C. Creating a Strategic Center to Manage a Web of Partners. *California Management Review*, 1995, 37 (3).

[93] Reagans R. , McEvily B. Network Structure and Knowledge Transfer: The Effects of Cohesion and Range. *Administrative Science Quarterly*, 2003, 48 (2): 240 - 267.

[94] 唐勇敏:《组织合作网与生产要素的流动》,《陕西师范大学学报: 自然科学版》, 2008 年第 1 期, 第 181 ~ 184 页。

[95] Lazerson M. H. , Lorenzoni G. The Firms That Feed Industrial Districts: A Return to the Italian Source. *Industrial and Corporate Change*, 1999, 8 (2): 235 - 266.

[96] Rosenkopf L., Almeida P. Overcoming Local Search through Alliances and Mobility. *Management Science*, 2003, 49 (6): 751-766.

[97] Cohen W. M., Levinthal D. A. Absorptive Capacity: A New Perspective on Learning and Innovation. *Administrative Science Quarterly*, 1990, 35 (1).

[98] 官志华:《关于供应链中核心企业的定位及其演变趋势的研究》,汕头大学,2004。

[99] Lissoni. Knowledge Codification and the Geography of Innovation: The Case of Brescia Mechanical Cluster. *Research Policy*, 2001 (30): 1479-1500.

[100] Nobeoka K., Dyer J. H., Madhok A. The Influence of Customer Scope on Supplier Learning and Performance in the Japanese Automobile Industry. *Journal of International Business Studies*, 2002, 33 (4): 717-736.

[101] Powell W. W., White D. R., Koput K. W., et al. Network Dynamics and Field Evolution: The Growth of Interorganizational Collaboration in the Life Sciences1. *American Journal of Sociology*, 2005, 110 (4): 1132-1205.

[102] Malipiero A., Munari F., Sobrero M. Focal Firms as Technological Gatekeepers within Industrial Districts: Knowledge Creation and Dissemination in the Italian Packaging Machinery Industry. *Communication to the DRUID Winter Conference*, 2005: 05-05.

[103] 罗美娟、杨先明:《核心企业、证券市场与产业成长的机制分析》,《南开经济研究》,2001年第3期,第15~18页。

[104] 李莉:《基于网络嵌入性的核心企业知识扩散方式对知识获取绩效的影响研究》,西安理工大学,2008。

[105] Boari C. Industrial Clusters, Focal Firms, and Economic Dynamism: A Perspective from Italy. *Journal of Business & Industrial Markering*, 2001 (05): 231-240.

[106] Ritter, Wilkinson, Wesley J. Johnston, Managing in Complex Business Networks. *Industrial Marketing Management*, 2004 (33): 175-183.

[107] Moller, K. K., & Halinen, A. Business Relationships and Networks: Managerial Challenge of Network Era. *Industrial Marketing Managelnent*, 1999 (28): 413-427.

[108] 刘永俊:《基于创新视角的网络组织成长机制理论与实证研究》,西南财经大学,2010。

[109] Ritter, Gemunden. Network Competence: Its Impact on Innovation Success and Its Antecedents. *Journal of Business Research*, 2003 (56): 745-755.

[110] 贾生华、邬爱其、张学华:《企业集群化成长障碍调查——以浙江省为例》,《经济理论与经济管理》2003 年第 7 期,第 23~31 页。

[111] 韩丹丹:《企业网络能力对自主创新影响研究》,《现代商业》2008 年第 29 期,第 174 页。

[112] 曹兴、周密:《技术联盟知识转移行为绩效评价研究》,《湘潭大学学报:哲学社会科学版》2010 年第 5 期,第 12~17 页。

[113] Dyer, J., Kale, P., & Singh, H. How to Make Strategic Alliances Work. *Sloan Management Review*, 2001, 42 (4): 37-43.

[114] Vanhaverbeke W., Duysters G., Noorderhaven N. External Technology Sourcing through Alliances or Acquisitions: An Analysis of the Application - specific Integrated Circuits Industry. *Organization Science*, 2002, 13 (6): 714-733.

[115] Chang, C. H. The Influence of Corporate Environmental Ethics on Competitive Advantage: The Mediation Role of Green Innovation. *Journal of Business Ethics*, 2011, 104 (3): 361 – 370.

[116] 韦春北、刁兆峰:《网络能力对企业竞争力的影响研究》,武汉理工大学, 2012。

[117] 宝贡敏、徐碧祥:《组织认同理论研究述评》,《外国经济与管理》2006 年第 1 期, 第 39 ~ 45 页。

[118] 胡厚宝、彭灿:《知识联盟管理能力的影响因素与提高策略》,《科研管理》2007 年第 6 期, 第 36 ~ 40 页。

[119] Mort, G. S. Andweerawardena, J. Networking Capability and International Entrepreneurship How Networks Functionin Australian Bornglobal Firms. *Internationa Lmarketing Review*, 2006, 23 (5): 549 – 572.

[120] Sarkar, M. B., Eehambadi, R., Agarwal, R., & Sen, B. The Effcet of the Innovation Environment on Exit of Entrepreneurial Firms. *Strategie Management Journal*, 2006, 27, 519 – 539.

[121] Walter A., Auer M., Ritter T. The Impact of Network Capabilities and Entrepreneurial Orientation on University Spin – off Performance. *Journal of Business Venturing*, 2006, 21 (4): 541 – 567.

[122] Yenting, Helenachiu. How Network Competence and Network Location Influence Innovation Perforrmance. *Journalofbusiness&Industrialmarketing*, 2009, 24 (L): 46 – 55.

[123] Greiner L. E. Evolution and Revolution as Organizations Grow. 1972. *Harvard Business Review*, 1997, 76 (3): 55 – 60, 62 – 68.

[124] Gort M, Klepper S. Time Paths in the Diffusion of Product

Innovations. Economic Journal, 1982, 92 (367): 630 - 653.

[125] 陈国宏、李丽妮、蔡彬清:《基于 CA 的产业集群生命周期模拟分析》,《中国管理科学》2011 年第 6 期,第 29~36 页。

[126] 徐金发、余园园:《基于产业集群生命周期理论的研究与探讨》,《技术经济》2006 年第 25 期,第 23~25 页。

[127] Fitzgerald G. A. Perestroika in Pharma: Evolution or Revolution in Drug Development?. *Mount Sinai Journal of Medicine: A Journal of Translational and Personalized Medicine*, 2010, 77 (4): 327 - 332.

[128] 刘婷:《基于联盟生命周期视角的跨国公司联盟管理》,《求索》2006 年第 4 期,第 18~20 期。

[129] 王德鲁、宋学锋:《基于粗糙集 - 神经网络的产业集群生命周期识别》,《中国矿业大学学报》2010 年第 39 期,第 284~289 期。

[130] 于杰、丛建辉、刘呈庆:《基于 TOPSIS 法的电子信息产业集群生命周期研究——以济南市为例》,《山东社会科学》2012 年第 6 期,第 113~116 期。

[131] 赵夫增、穆荣平:《全球价值链中落后国家的产业集群生命周期研究》,《中国科技论坛》2007 年第 12 期,第 55~59 页。

[132] 严绿英:《基于集群生命周期的东莞 IT 产业集群研究》,华南理工大学,2010。

[133] Menzel M. P., Fornahl D. Cluster Life Cycles – Dimensions and Rationales of Cluster Evolution. *Industrial and Corporate Change*, 2010, 19 (1): 205 - 238.

[134] Martin R., Sunley P. Conceptualizing cluster evolution: beyond the life cycle model? *Regional Studies*, 2011, 45 (10): 1299 - 1318.

[135] Chao Y. C. Decision-Making Biases in the Alliance Life Cycle: Implications for Alliance Failure. *Management Decision*, 2011, 49 (3): 350-364.

[136] 邵海静:《虚拟企业网络演化及其成员组织间知识转移机理的研究》,北京交通大学,2012。

[137] 卢松泉:《供应链核心企业研究》,中国物资出版社,2010。

[138] 盛立新:《虚拟物流企业伙伴选择研究》,国防科学技术大学,2009。

[139] 郭焱:《战略联盟形式选择与风险控制》,天津大学,2004。

[140] 孟琦:《战略联盟竞争优势获取的协同机制研究》,哈尔滨工程大学,2007。

[141] 郝生宾、张涛、于渤:《企业自主创新能力形成的协同机制研究》,《工业技术经济》2011年第1期,第34~38页。

[142] Capaldo A. Network Structure and Innovation: The Leveraging of a Dual Network as a Distinctive Relational Capability. *Strategic Management Journal*, 2007, 28 (6): 585-608.

[143] 罗珉:《管理学范式理论的发展》,西南财经大学出版社,2005。

[144] 邓亚鹏:《企业战略联盟稳定性研究》北京交通大学,2012。

[145] Ziggers G. W., Henseler J. Inter-firm Network Capability: How It Affects Buyer-Supplier Performance. *British Food Journal*, 2009, 111 (8): 794-810.

[146] Fornahl D., Broekel T., Boschma R. What Drives Patent Performance of German Biotech Firms? the Impact of R&D

Subsidies, Knowledge Networks and Their Location. *Papers in Regional Science*, 2011, 90 (2): 395 –418.

[147] Dong S., Johar M. S., Kumar R. L. A Benchmarking Model for Management of Knowledge Intensive Service Delivery Networks. *Journal of Management Information Systems*, 2011, 28 (3): 127 –160.

[148] Ritter, Wilkinson, Johnston, Measuring Network Competence: Some International Evidence. *The Journal of Business & Industrial Marketing*, 2002, 17 (2/3): 119 –138.

[149] Gilsing V., Nooteboom B. Density and Strength of Ties in Innovation Networks: An Analysis of Multimedia and Biotechnology. *European Management Review*, 2005, 2 (3): 179 –197.

[150] Cummings J. L., Teng B. S. Transferring R&D Knowledge: The Key Factors Affecting Knowledge Transfer Success. *Journal of Engineering and Technology Management*, 2003, 20 (1): 39 –68.

[151] Hansen, Brucee. Threshold Effects in Non –Dynamic Panels: Estimation, Testing, and Inference. *Journal of Eeonometries*, 1999, 93 (2): 345 –365.

[152] Reagans, R., & Meevily, B. Network Struetture and Knowledge Transfer: The Effects of Cohesion and Range. *Administrative Seience Quarterly*, 2003, 48 (2): 240 –26.

[153] Levin, D. Z., & Cross, R. The Strength of Weak Ties You Can Trust: The Mediating Role of Trust in Effective Knowledge Transfer. *Management Science*, 2004, 50 (11): 1477 –1490

[154] 陈剑锋、万君康:《产业集群中技术创新集群的生命周期研究》,《武汉理工大学学报》2002 年第 5 期,第 25~26

页。

[155] 程永伟：《基于 Logistic 预测模型的产品生命周期识别》，《中国市场》2010 年第 45 期，第 14~17 页。

[156] 曾咏梅：《基于 TOPSIS 综合评判方法的产业集群生命周期》，《系统工程》2009 年第 11 期，第 59~62 页。

[157] 陆国庆：《衰退产业的识别与诊断》，《南京社会科学》2002 年第 5 期，第 23~25 页。

[158] 段丽丽：《基于生命周期理论的物流产业集群发展研究》，中南大学，2010。

[159] 万君、顾新：《基于超循环理论的知识网络演化机理研究》，《情报科学》2010 年第 8 期，第 1229~1232 页。

[160] 王宗建：《基于生命周期的企业战略联盟评估与管理》，东南大学，2012。

[161] 池仁勇、郭元源、段姗：《产业集群发展阶段理论研究》，《软科学》2006 年第 5 期，第 1~3 页。

[162] 林竞君：《网络、社会资本与集群生命周期研究：一个新经济社会学的视角》，上海人民出版社，2005。

[163] 鲁开垠：《产业集群社会网络的根植性与核心能力研究》，《广东社会科学》，2006 年第 2 期，第 41~46 页。

[164] 唐凯江：《基于产业集群生命周期的政府分层定位》，《经济问题探索》2008 年第 11 期，第 1~7 页。

[165] 孙剑、龚自立：《产业集群成熟度模型及评价指标体系研究》，《技术经济与管理研究》2010 年第 6 期，第 120~124 页。

[166] 杨剑、梁樑、张斌：《基于模糊评价的区域创新系统生命周期的判定模型》，《科学学与科学技术管理》2007 年第 2 期，第 75~79 页。

[167] 徐晓燕、张斌：《基于模糊贴近度的企业生命周期判定方法》，《系统工程与电子技术》2004 年第 10 期，第 1406~1409 页。

[168] 邓乃扬、田英杰：《数据挖掘中的新方法支持向量机》，科学出版社，2004。

[169] Vapnik：《统计学习理论的本质》，张学工译，清华大学出版社，2000。

[170] 邱菀华：《管理决策熵学及其应用》，中国电力出版社，2011。

[171] 霍国庆、苗建明：《战略领导力模式研究》，《领导科学》2009年第4期，第6~12页。

[172] Lumpkin G. T., Dess G. G. Linking Two Dimensions of Entrepreneurial Orientation to Firm Performance: The Moderating Role of Environment and Industry Life Cycle. *Journal of Business Venturing*, 2001, 16 (5): 429–451.

[173] Deeds D. L., Decarolis D. M., Coombs J. E. Firm–Specific Resources and Wealth Creation in High–Technology Ventures: Evidence from Newly Public Biotechnology Firms. *Entrepreneurship Theory and Practice*, 1998 (11): 141–152.

[174] Harris S., Wheeler C. Entrepreneurs' Relationships for Internationalization: Functions, Origins and Strategies. *International Business Review*, 2005, 14 (2): 187–207.

[175] Deeds D. L., Decarolis D. M., Coombs J. E. Firm–specific Resources and Wealth Creation in High–technology Ventures: Evidence from Newly Public Biotechnology Firms. *Entrepreneurship Theory and Practice*, 1998 (11): 141–152.

[176] 李贞、张体勤：《企业知识网络能力的理论架构和提升路径》，《中国工业经济》2010年第4期，第44~52页。

[177] Sandberg, W. R., Hofer, C. W. Improving New Venture Performance: the Role of Strategy, Industry Structure and the Entrepreneur. *Business Venturing*, 1987, 2: 5–28.

[178] N. G. Noorderhaven, R. Krishnan. When Does Trust

Matter to Alliance Performance? *Academy of Management*, 2006.

[179] 陈学光:《网络能力、创新网络及创新绩效关系研究》,浙江大学, 2007。

[180] Balmer J. M. T., Greyser S. A. Corporate Marketing: Integrating Corporate Identity, Corporate Branding, Corporate Communications, Corporate Image and Corporate Reputation. *European Journal of Marketing*, 2006, 40 (7/8): 730 – 741.

[181] Van Riel C. B. M., Fombrun C. J. Essentials of Corporate Communication: Implementing Practices for Effective Reputation Management. *Routledge*, 2007.

[182] Tirole, J. A. Theory of Collective Reputation. *Review of Economic Studies*, 1996 (63): 1 – 22.

[183] Kennes, J., & Schiff A. The Value of a Reputation System, Economics Working Paper Archive at WUSTL, 2002.

[184] 吴德胜、李维安:《集体声誉、可置信承诺与契约执行》,《经济研究》2009 年第 6 期,第 142 ~ 154 页。

[185] 高艳慧、万迪昉、郭海星:《基于监管、学习和声誉的联盟稳定性:实验研究》,《管理学报》2012 年第 8 期,第 1154 ~ 1161 页。

[186] 彭正银:《网络治理:理论与模式研究》,经济科学出版社, 2003。

图书在版编目(CIP)数据

核心企业网络能力：基于联盟生命周期的视角/李翠，倪渊著.—北京：社会科学文献出版社，2015.7
ISBN 978 - 7 - 5097 - 7672 - 8

Ⅰ.①核… Ⅱ.①李… ②倪… Ⅲ.①企业-经济合作-研究 Ⅳ.①F273.7

中国版本图书馆CIP数据核字（2015）第147319号

核心企业网络能力
——基于联盟生命周期的视角

著　　者/李　翠　倪　渊

出 版 人/谢寿光
项目统筹/周　丽　冯咏梅
责任编辑/许秀江　陈　欣

出　　版/社会科学文献出版社·经济与管理出版分社（010）59367226
　　　　　地址：北京市北三环中路甲29号院华龙大厦　邮编：100029
　　　　　网址：www.ssap.com.cn
发　　行/市场营销中心（010）59367081　59367090
　　　　　读者服务中心（010）59367028
印　　装/三河市尚艺印装有限公司

规　　格/开　本：787mm×1092mm　1/16
　　　　　印　张：11.5　字　数：154千字
版　　次/2015年7月第1版　2015年7月第1次印刷
书　　号/ISBN 978 - 7 - 5097 - 7672 - 8
定　　价/45.00元

本书如有破损、缺页、装订错误，请与本社读者服务中心联系更换
▲ 版权所有 翻印必究